AF567924

Hans-Dieter Nahme

Der Mord an General Kurt von Schleicher und das Ende der Reichswehr

| MatrixMedia

Impressum

Internet: www.matrixmedia.info

Gestaltung und Layout: Alexander Lieske
Druck: druckhaus köthen, Köthen
ISBN 978-3-946891-23-9

Inhalt

Vorwort

Zu dieser Studie darf ein Wort über den am 1. Januar 2011 im 99. Lebensjahr verstorbenen Fritz Tobias und dessen Privatarchiv nicht fehlen.

Fritz Tobias, ursprünglich Buchhändler, nach dem Zweiten Weltkrieg Beamter in der Niedersächsischen Landesregierung, zuletzt Ministerialrat, war als Historiker ein Laie. International bekannt geworden war er durch die Veröffentlichung seiner privaten Forschungen über den Reichstagsbrand[1]. Mit seiner Feststellung, dass der Brand tatsächlich von dem holländischen Kommunisten Marinus van der Lubbe ganz allein und aus eigenem Antrieb angezündet worden sei, wie dieser es selbst immer gesagt hat, hat er Heerscharen von Politikern und Publizisten, auch einige Historiker von Rang und Namen gegen sich aufgebracht, doch das Ergebnis von Tobias' Recherchen ist heute überwiegend anerkannt.

Aber das war lange, bevor ich ihn erst in seinen letzten Lebensjahren kennengelernt habe, und es hat nichts mit unserer Bekanntschaft zu tun. Fritz Tobias hat vielmehr in seinem langen Leben ein ganz außergewöhnliches privates Archiv zur deutschen Geschichte des 20. Jahrhunderts angelegt, bestehend aus Tausenden von Büchern und unzähligen Ordnern mit Zeitungsausschnitten, Originalunterlagen oder Kopien aus solchen sowie aus eigener Korrespondenz, jeweils zu bestimmten Themen oder Personen, darunter auch zu Kurt v. Schleicher. Aus dem Internet hatte er erfahren, dass ich mich mit Kurt v. Schleicher beschäftigte und dass ein Manuskript von mir in die Bibliothek des damaligen Militärgeschichtlichen Forschungsamtes in Potsdam aufgenommen, aber nicht veröffentlicht worden war.[2] Darum hatte er sich direkt an mich gewandt.

So habe ich ihn kennen gelernt. Er wollte selbst nicht mehr schreiben, hätte es aber gern gesehen, dass jemand auf der Grundlage seines Archivs über ihn besonders beschäftigende Themen schreibt. Das hatten auch schon mindestens zwei bekannte Journalisten getan. In meinem Fall war nun General Kurt v. Schleicher das Thema, das mich beschäftigte und das uns in Kontakt gebracht hatte.

Tatsächlich verfügte Fritz Tobias über Material zu den Vorgängen um den sogenannten Röhmputsch vom 30. Juni 1934, von dem einiges bisher unbekannt, jedenfalls noch nie veröffentlicht worden war. Erstaunlicherweise waren damals auch noch gar keine seriösen Untersuchungen über den oder die mutmaßlichen Täter erschienen. Eben zu diesem Problem hatte er Neues ermittelt.

Die Entstehung und die Vollendung meines Buches hat Fritz Tobias nicht mehr erlebt. Aber ich verdanke ihm mancherlei Anregungen und seinem Archiv wertvolle Ansatzpunkte, von denen aus ich weiter recherchieren konnte und dabei in der einen oder der anderen Hinsicht zu anderen als den allgemein verbreiteten Auffassungen gelangt bin, nicht zuletzt was die Weimarer Reichswehrführung und den Umbruch 1933/34 betrifft.

Soweit ich hier auf Fritz Tobias' Archiv zurückgegriffen habe, habe ich das kenntlich gemacht.

Mein besonderer Dank geht an Herrn Prof. em. Dr. Werner Lehfeldt in Göttingen für seine sorgfältige redaktionelle Bearbeitung der Textvorlage. Herrn Dr. Friedrich Winterhager aus Hildesheim danke ich für seine sachdienlichen Hinweise bei der Quellenrecherche.

Hans-Dieter Nahme

Der Mord

Die Tat und die Täter

Am 30. Juni 1934 gegen 12.30 Uhr fuhr in Neubabelsberg vor dem Haus in der Griebnitzstraße 4 ein rotbraunes Auto mit sechs Insassen vor, das bereits in den Tagen zuvor einige Male aufgefallen war. In dem Hause befand sich die Wohnung der Eheleute Kurt und Elisabeth v. Schleicher. Dem Auto entstiegen fünf etwa 25-30 Jahre alte Männer und betraten das Haus. Der sechste blieb in dem Auto sitzen. Dann hörte ein Hausmädchen aus dem gegenüberliegenden Hause Griebnitzstraße 8 mehrere Schüsse. Sie und eine weitere Zeugin sahen kurz darauf, wie die Männer aus dem Hause herauskamen und mit dem Auto wieder wegfuhren. Über das, was in der Zwischenzeit in dem Hause geschehen war, gab die Haushälterin der Eheleute Schleicher, Marie Güntel, am 2. Juli 1934 vor einem Notar Folgendes zu Protokoll:

Ich heiße Marie Güntel, geb. 1.5.81 in Cromitten in Ostpreußen und bin seit 1.4.1918 bei Herrn General von Schleicher als Haushälterin in Stellung. Am Sonnabend, den 30. Juni 1934, 12.30 Uhr mittags, befand ich mich im Arbeitszimmer des Herrn General, um ihm nach Abrechnung der Haushaltskasse den überschießenden Betrag von 100 Mark auszuhändigen. Im Zimmer waren anwesend Herr General, der am Schreibtisch saß, und Frau von Schleicher, die mit einer Handarbeit neben dem Schreibtisch im Sessel saß. Die Klingel der Gartentür läutete in diesem Augenblick auffallend lange und stürmisch. Ich ging zur Haustür, fragte durchs Fenster, wer da sei, und erhielt von einer männlichen Stimme die Antwort: „Wir müssen zu Herrn General“. Darauf betätigte ich die elektrische Öffnung der Gartentür und öffnete dann auch die Haustür. Es erschienen fünf Männer, von denen einer auch fragte, wo Herr General sei. Dieser Mann war schätzungsweise 30 Jahre alt und trug einen dunklen Anzug. Die anderen Männer schienen mir erheblich jünger; sie trugen sämtlich hellere Zivilanzüge. Ich antwortete erst, Herr General sei nicht zu Hause, dann, er sei spazieren gegangen. Darauf drang der Mann im dunklen Anzug an mir vorbei in den Garderobenraum ein und fuhr mich mit derber Stimme an, ich sollte ihn nicht belügen, sondern sofort die Wahrheit sagen, wo Herr General ist. In diesem Augenblick hielten alle fünf Männer die eine Hand auf dem Rücken; dass sie hierbei bereits Revolver in der Hand hielten, konnte ich wenige Sekunden später feststellen, als die Männer sich hin und her bewegten und ich sie dann von der Seite sehen konnte. Als ich nun merkte, dass ich das weitere Eindringen der Männer doch nicht verhüten konnte, sagte ich: „Ich will mal nachsehen". Ich ging dann durch die Diele zum Arbeitszimmer, während hinter mir der Mann im dunklen Anzug den anderen den Befehl gab „Folgen". Während ich das Arbeitszimmer betrat, muss mindestens einer der Männer – vielleicht waren es auch zwei oder mehrere – mir auf dem Fuße gefolgt sein. Bevor ich noch etwas sagen konnte, hörte ich unmittelbar hinter mir eine Stimme: „Sind Sie der General von Schleicher?" Herr General drehte sich, immer noch am Schreibtisch sitzend, halb nach rechts hinten um und sagte: „Jawohl." In diesem Bruchteil der Sekunde fielen fast gleichzeitig drei Schüsse. Ich weiß mit größter Bestimmtheit, dass Herr General, bevor die Schüsse fielen, außer der Halbrechtswendung mit dem Oberkörper keine weitere Bewegung gemacht, insbesondere auch nicht etwa mit einer Hand nach der Tasche, nach dem Schreibtisch oder sonstwohin gegriffen hat. Von einer irgendwie gearteten Abwehr des Generals war nicht die Rede. Hierzu wäre auch gar keine Zeit gewesen, da von der Frage „Sind Sie der General von Schleicher?" bis zu den Schüssen wohl nicht mehr als eine Sekunde vergangen ist. In meiner Erinnerung stellt sich der Vorgang so dar, als ob das „Jawohl" des Generals mit den Schüssen sozusagen gleichzeitig war. Bei alledem stand ich mitten im Zimmer. Im Augenblick der Schüsse saß Frau von Schleicher noch ebenso ruhig wie ihr Mann neben dem Schreibtisch. Während ich zu Tode entsetzt schreiend aus dem Zimmer stürzte, hörte ich auch Frau von Schleicher schreien und hörte weitere Schüsse fallen. Ich glaube mich zu entsinnen, dass der Revolverschütze oder einer von ihnen, wenn es mehrere waren, was ich in der furchtbaren Aufregung nicht feststellen konnte, einen graugestreiften Anzug trug und höchstens auf 25 Jahre, vielleicht noch weniger, zu schätzen war. Als ich dann kurz darauf aus dem Garten zusammen mit Frau von Schleicher (der Kusine des Generals) ins Arbeitszimmer zurückkam, war keiner der Männer mehr da. Zwischen dem ersten Klingeln an der Gartentür bis zum Verschwinden der Männer können höchstens 2 Minuten vergangen sein. Alles ist gewissermaßen innerhalb von Sekunden vor sich gegangen.

Eine in ihrem wesentlichen Inhalt gleichartige Aussage von Frau Güntel hatte die Polizei schon am 30. Juni 1934 zu Protokoll genommen (siehe

Anhang). Allerdings ist darin von nur zwei Männern die Rede. Der Unterschied erscheint gravierend. Aber die in dem vorstehenden Protokoll vom 2. Juli enthaltenen Einzelangaben über die Männer und deren Verhalten lassen darauf schließen, dass diese Aussage zutrifft. Sie stimmt auch mit den von anderen Zeuginnen bekundeten Beobachtungen von der Straße und dem gegenüberliegenden Hause aus überein. Das erste Protokoll ist erkennbar in einer Atmosphäre höchster Erregung zustandegekommen, was sich auch aus Fehlern im Satzbau und in der Schreibweise erkennen lässt. Da mag sich bei der Zeugin das Erlebte noch nicht gesetzt gehabt haben. Im Zimmer des Generals mögen nur noch zwei Personen in Erscheinung getreten sein, und von dem Protokollanten könnte etwas missverstanden worden sein, so auch über die Dauer und die Stellung der Zeugin in dem Haushalt. Richtig ist insoweit jedenfalls auch das zweite Protokoll.[3] Im übrigen enthält es ergänzende und genauere Angaben. Jedenfalls besteht kein Anlass, die Glaubwürdigkeit der Zeugin und die Richtigkeit ihrer Aussagen in dem zweiten Protokoll sowie des wesentlichen Kerns ihrer ersten Aussage in Frage zu stellen.

Ferner hat noch Frau Anneliese v. Schleicher, die Ehefrau eines Vetters des Generals, ausgesagt, sie sei gegen 12½ Uhr von dem ebenfalls im Hause Griebnitzstraße 4 wohnenden Hausmädchen Ottilie angerufen und dabei sei ihr mitgeteilt worden worden, auf den General sei ein Attentat verübt worden, der General sei tot, seine Frau scheine noch am Leben zu sein. Darauf sei sie sofort dorthin gefahren. Die Uhrzeitangabe bestätigt die Aussage Frau Güntels, wonach alles innerhalb weniger Minuten abgelaufen war.

Wegen dieses Vorfalls leitete die Staatsanwaltschaft beim Landgericht Potsdam sofort ein „Todesermittlungsverfahren" ein und stellte den vorstehend geschilderten Sachverhalt fest. Oberstaatsanwalt Tetzlaff erstattete am 1. Juli 1934 mit den Protokollen der Zeugenaussagen einen Bericht an den Preußischen Justizminister.[4] Dem Bericht ist ein „vorläufiges ärztliches Gutachten" beigefügt, in dem ein Dr. Starke aus Neubabelsberg bei der Leiche des Generals sieben Durchschüsse im Hals- und im Schulterbereich konstatiert, von denen er bei der Kleinheit des Kalibers nicht den Ein- und den Austritt habe unterscheiden können. Der General habe aus dem Munde geblutet. Dann wurden weitere Ermittlungen der Polizei und der Justiz unterbunden.

Marie Güntel sollte ein Jahr später im Jungfernsee in Potsdam ertrinken. Sie soll einen Zettel mit der Erklärung hinterlassen haben, dass sie den Tod ihres Herrn nicht verwinden könne. Die Vermutung, sie sei als die einzige unmittelbare Zeugin des Mordes beseitigt worden, liegt auf der Hand, ist allerdings nicht bewiesen. Es hat sich ja auch niemand um Aufklärung bemüht.

Astrid v. Pufendorf, die sich eingehend mit dem Mitarbeiter und Freund Kurt v. Schleichers, dem Offizier im Reichswehrministerium, späteren Staatssekretär im Reichskanzleramt Erwin Planck, dem Sohn des berühmten Physikers Max Planck, und in diesem Zusammenhang auch mit Schleicher selbst befasst hat, berichtet noch von einem kleinen weiteren Zeugen.[5] Der damals fünfjährige Alexander v. Reuß aus dem Nachbarhaus war von dem Mordkommando nach der Wohnung Schleichers gefragt worden. Er kannte die Wohnung, war des Öfteren dort gewesen und war nun den Männern gefolgt. So hatte er das grausige Geschehen mitbekommen und dabei einen Schock erlitten, in dessen Folge er sein Leben lang stottern sollte. Sein Vater, der Rechtsanwalt und Syndikus des Kreises Teltow, Gerhard v. Alten-Reuß, erstattete entgegen einer dringenden Warnung des Berliner Polizeipräsidenten Graf Helldorff Strafanzeige und weigerte sich, diese zurückzunehmen.

„Sie wissen nicht, was gespielt wird“, hatte Graf Helldorff gesagt, und Alten-Reuß hatte erwidert: „Und Sie können Recht und Unrecht nicht mehr unterscheiden!“ Im Juli 1936 kam Alten-Reuß angeblich bei einem Autounfall ums Leben.

Außer den von politischer Seite ausgehenden teilweise unterschiedlichen Behauptungen gibt es noch andere, zuweilen recht phantasievolle Darstellungen des Vorgangs, wobei meist nicht ersichtlich ist, wie sie zustandegekommen sind, ob sie auf umlaufenden Gerüchten beruhten, ob sie dem Geltungsbedürfnis der Erzähler entsprangen, ob irgendeine Tendenz mit ihnen verfolgt wurde.

So etwa schreibt der britische Historiker und Schriftsteller John Wheeler-Bennett in dem Buch „Nemesis der Macht“ (in dem er u.a. eine fragwürdige negative Charakterisierung Schleichers abgibt), ein Freund Schleichers, dessen Namen er aber nicht nennt und von dem man auch sonst nichts weiß, habe ihm, Wheeler-Bennett, berichtet, dass er gerade mit

Schleicher telefoniert habe, als die Schüsse gefallen seien. Schleicher und seine Frau seien in einem Feuerhagel niedergestreckt worden. Die Leichen seien erst von der zum Mittagessen nach Hause kommenden sechzehnjährigen Stieftochter Schleichers gefunden worden. Gemeint war wohl die damals vierzehnjährige Tochter Lonny der Ermordeten aus deren erster Ehe, die aber die Leichen keineswegs als Erste gefunden hat.

Auch gibt es eine Darstellung, wonach die Tochter die Tür geöffnet habe. Sie sei erschossen worden, und die Männer seien über die Leiche hinweggestiegen. Die Tochter hat aber nicht nur den Mord, sondern die ganze Nazizeit überlebt. Nach noch einer anderen Darstellung soll ein Diener geöffnet und die Besucher gemeldet haben. Alles Phantasie, und das sind noch nicht alle Versionen, die über die Vorgänge um den Mord kolportiert worden sind.

Im Jahre 1945 erschien in dem schweizerischen Verlag Otto Walter AG, Olten, ein Buch eines Heinrich Orb. Dessen richtiger Name war Heinrich Pfeiffer oder Pfeifer. Dies hat der Verlag ausdrücklich bestätigt.[6] Orb, wie er hier genannt werden soll, weil er in dem zu erörternden Zusammenhang unter diesem Namen in Erscheinung trat, war ein Mitarbeiter des Sicherheitsdienstes (SD). Das Buch trägt den Titel „Nationalsozialismus. 13 Jahre Machtrausch". Darin heißt es auf Seite 296 f.:

Und dann die „versehentliche" Erschießung General Schleichers und seiner Frau! Der SS Obersturmführer Schmidt [...] vom SD Oberabschnitt Ost, der mit seinen Männern angerückt kam, hatte den Befehl, General von Schleicher in Haft zu nehmen und auf den SD Oberabschnitt zu bringen. SS Obersturmführer Hans Schmidt war dazumal ein junger Mann, der gerade erst seinen Dr. jur. gebaut, aber sich bereits als Chef der Abteilung I, Information, des SD Oberabschnitts Ost einen Namen gemacht hatte. Die automatische Pistole mit ihrer 40-Schuss-Trommel, wie man sie ihm und seinen SD-Männern in die Hand gedrückt hatte, war neu. Es waren nicht einmal Schießübungen damit veranstaltet worden, sondern in einer Instruktionsstunde hatte man lediglich den Mechanismus erklärt. Nun brannten die Dinger den Buben, die kaum das Mannesalter erreicht hatten, förmlich in den Fingern. Man brauchte nur den Hahn abzuziehen, und 40 Schuss ratterten los. - Die SD-Männer umzingelten die Villa des Generals, der SS Obersturmführer ließ sich anmelden, d.h. er ging mit drei Mann dem Mädchen nach direkt ins Arbeitszimmer. Der General saß hinter seinem Schreibtisch und fand es nicht einmal notwendig, aufzustehen und den Eindringlingen entgegenzugehen. Er fuhr sie barsch an und fragte, was das Ganze bedeuten solle. Hans Schmidt nahm allen Mut zusammen, der ihn zu verlassen drohte, und schmetterte in seiner Erregung laut: „Sie sind verhaftet, General; bitte folgen Sie mir und übergeben Sie mir alle Schlüssel des Hauses." Dabei richtete er wie zur Unterstreichung seiner Forderung die automatische Pistole auf den General. Kurt von Schleicher verstand solche Späße schlecht und sprang von seinem Sessel auf; dabei griff er anscheinend in seine rechte Schreibtischschublade. In diesem Moment zog Schmidt den Hahn seiner automatischen Pistole ab, sei es unbewusst in der Aufregung, sei es, dass er sich bedroht fühlte. Zu allem Unglück stürzte in diesem Augenblick auch noch die Frau des Generals aus einer Seitentür ins Zimmer und warf sich wie zum Schutz vor den zusammensinkenden General. Die Finger des Hans Schmidt waren wie verkrampft, so wie der ganze Mensch verkrampft war. Der Krampf löste sich erst, als der letzte Schuss aus seiner Pistole heraus war. Drei SD Männer und ihr Führer Schmidt begannen zu schreien, wie wenn sie gemordet werden sollten. Schließlich rannte Schmidt und holte die übrigen herauf. Sie besetzten die Villa, ließen die Toten liegen, wie sie lagen, und wie gehetzt raste der SD Führer Hans Schmidt mit seinem Fahrer auf den SD Oberabschnitt Ost; das Heulen war ihm viel näher als das Lachen. Er fühlte sich als Mörder und erwartete, entsprechend bestraft zu werden, zumal er den erteilten Befehl nicht vorschriftsmäßig ausgeführt hatte. Es war ein ehrliches Erstaunen in dem Mörder Hans Schmidt, als er wider Erwarten auf dem SD Oberabschnitt Ost nicht etwa zusammengestaucht, sondern als Held begrüßt und gefeiert wurde. Sein direkter Vorgesetzter, der das Jubelgeheul anstimmte, war niemand anders als der berüchtigte und früher bereits genannte Dr. jur. Behrends aus Wilhelmshaven, der Leiter des SD Oberabschnitts Ost zu Berlin.

Zu dieser Schilderung ist zunächst festzustellen, dass Orb die Vorgänge in der Griebnitzstraße nicht selbst erlebt hat. Es kann auch mit an Sicherheit grenzender Wahrscheinlichkeit ausgeschlossen werden, dass Schmidt sie ihm so erzählt haben könnte. Von den anderen Beteiligten hätte es wohl ebenfalls keiner so dargestellt. Im übrigen: Von dem, was Orb über die anderen schreibt, lässt sich fast nichts mit den Aussagen der Augenzeuginnen in Übereinstimmung bringen. Dass sie zunächst das Haus umstellt hätten, dass Schmidt sie erst nach der Tat in die Wohnung heraufgeholt habe, dass sie dort verblieben seien, dass er allein mit seinem

Fahrer zurückgefahren sei – alles falsch. Es widerspricht nicht nur den Bekundungen der Augenzeuginnen, sondern auch denen der zahlreichen Amts- und Privatpersonen, die innerhalb weniger Minuten an den Tatort gekommen waren.

Falsch dürfte auch die Schilderung von den 40 Schüssen aus einer automatischen Pistole sein. 40 Schüsse, 40 Kugeln? Das hätten nicht nur die Augen- und die Ohrenzeuginnen ganz anders geschildert, sondern das hätte auch an der Leiche und in dem Zimmer unübersehbare Spuren hinterlassen. Fraglich erscheint sogar, ob es überhaupt Maschinenpistolen waren, die die Männer bei sich trugen. Das hätte Frau Güntel doch wohl bemerkt und hätte sich dann anders ausgedrückt. Die in der Leiche festgestellten sieben Durchschüsse würden zu der verbreiteten Selbstladepistole 08 (mit acht Patronen) passen. Auszuschließen ist auch, dass die Schüsse versehentlich ausgelöst worden seien, ebenso, dass es in vermeintlicher Notwehr geschehen sei. In Notwehr drückt man nicht siebenmal ab. Nach der Aussage der Haushälterin könnten zwei Schüsse auch von anderen Beteiligten abgegeben worden sein.

Warum setzt Orb das Wort „versehentlich" in Anführungszeichen, wenn er die Tötung Schleichers und dessen Ehefrau tatsächlich als ein Versehen darstellen wollte? Und wenn der Täter den ernst gemeinten Befehl gehabt haben sollte, Schleicher lebend in den SD Oberabschnitt zu bringen, wieso wurde er dann, nachdem er ihn umgebracht und in der Wohnung liegen gelassen hatte, mit Jubel empfangen und begeistert gefeiert? Gegen ein Versehen spricht auch, dass alle Männer des Rollkommandos schon die Pistolen schussbereit in der Hand hielten, wie dies Frau Güntel bekundet hat. In der Notwehr hätte man auch nicht gezielt mindestens sieben Schüsse abgegeben. Es ging von vornherein darum, Schleicher an Ort und Stelle zu erschießen und seine Frau als Zeugin ebenfalls; denn dass diese gewissermaßen in die Schüsse hineingelaufen sein soll, ist genau so abwegig. Daran gibt es in der Forschung auch ganz allgemein keinen Zweifel.

Am 30. 6. 1949 brachte „DIE WELT" einen Artikel unter der Überschrift „Das Ende des SA-Führungsstabes", darunter: „Ein Augenzeuge des 30. Juni 1934 berichtet – Die Aktion der SS-Leibstandarte". Danach soll ein nicht genannter Zeuge berichtet haben, er habe am 30. Juni 1934 den Auftrag erhalten, umgehend in Lichterfelde zu erscheinen, in der Kaserne der SS-Leibstandarte, auf deren Hof die meisten Exekutionen der damals in und um Berlin Verhafteten stattfanden. Bei seinem Eintreffen dort – so der Zeuge – sei ein mit Zivilisten besetzter PKW auf den Hof gefahren. Es habe sich um das Kommando gehandelt, das den General v. Schleicher habe verhaften sollen. Die Männer hätten lächelnd (!) berichtet, dass der General bei seiner Verhaftung Widerstand geleistet habe und dabei „leider" (in Anführungszeichen) erschossen worden sei. Auch seine Frau, die dazwischen gesprungen sei, habe dabei den Tod gefunden.

Nach diesem Bericht sind die Leute nach der Tat nicht zu dem SD-Oberabschnitt Ost gefahren, der sich in der Eichenallee in Berlin-Westend befand, sondern zu der SS-Kaserne in Lichterfelde, was jedoch nicht bedeuten müsste, dass sie auch von dort hergekommen waren. Wenn das Reden über die Rückkehr in die Kaserne in Lichterfelde nicht überhaupt auf einem Irrtum des Zeugen beruhte, läge es nahe, dass die Täter zunächst zur Eichenallee fuhren, von wo sie losgefahren waren, und anschließend in Lichterfelde, wo die Exekutionen stattfanden, meldeten, dass sich in diesem Falle eine Exekution erledigt habe.

Der Zeuge soll im übrigen berichtet haben, auf dem Hof der Kaserne habe ihm ein Bekannter erzählt, soeben seien auf Befehl Himmlers drei höhere SS-Offiziere wegen Misshandlung von politischen Gefangenen erschossen worden. In Fritz Tobias' Archiv gibt es einen Augenzeugenbericht dieser Erschießungen aus der Feder von Müller-Grote, dem Verleger von Tobias' Reichstagsbrandbuch.

Generalleutnant a. D. Gerhard Engel, der bei Hitler Heeresadjutant war (allerdings erst von 1938 bis 1943), hat in einem Interview gesagt, er habe von General v. Brauchitsch erfahren, dass die SS-Männer, die Schleicher und seine Frau umgebracht hätten, erschossen worden seien. Das mag ein vielleicht absichtlich ausgestreutes, jedenfalls abwegiges Gerücht gewesen sein.

Der Verlag Otto Walter in Olten schreibt in dem an Fritz Tobias gerichteten Brief (s.o.) über Orb u.a.: „Sein Buch brachte eine der ersten Enthüllungen über die Entwicklung des Naziregimes, enthielt aber, weil die Quellen nicht nachprüfbar waren, doch etliche Fehler. Der Autor selber war, wie sich später herausstellte, nicht ganz deutlich einzuordnen; er hat sich in der Spionage betätigt und soll auch später Geschäfte betrieben haben, die ihn in Schwierigkeiten mit Kriminalgerichten in Frankfurt brachten."

Pfeifer, der hier als Orb auftritt, führte in seiner geheimdienstlichen und später schriftstellerischen Tätigkeit auch noch andere Namen. So verbarg er sich schon vor der Bildung des SD-Oberabschnitts Ost in einem Spionagebüro hinter dem Namen Stein. Den Chef dieses Büros erwähnt Orb in dem Buch mit „ein gewisser Stein", legt aber doch eine Spur zu sich selbst mit dem Hinweis, „dessen ehrlicher Name in Wirklichkeit anders lautete", und schildert ihn recht sympathisch und als „Nicht-Nationalsozialist". 1935 flüchtete er ins Ausland, arbeitete in Polen und in Ungarn und gelangte 1939 bei Kriegsausbuch in die Schweiz.

In seinen Büchern mischt er Dichtung und Wahrheit. Aber er verfügt über genaue Personen- und Sachkenntnisse. Der israelische Historiker Shlomo Aronson hatte keine Bedenken, in seiner Dissertation „Reinhard Heydrich und die Frühgeschichte von Gestapo und SD" Orbs Darstellungen, beispielsweise über den SD-Oberabschnitt Ost, als zutreffend zu übernehmen sowie Dr. Johannes (Hans) Schmidt den „Mörder des Generals v. Schleicher" zu nennen und ihn als willigen Handlanger für schmutzige Aufgaben zu beschreiben.[7] Das Institut für Zeitgeschichte trug auch keine Bedenken, dieses Buch so herauszugeben. Es sind auch keine Einwendungen dagegen bekannt geworden.

Bei alledem ist es eigentlich erstaunlich, dass in der Literatur die Mörder Schleichers sonst allgemein als unbekannt bezeichnet werden und man der nicht nur unter kriminalistischen, sondern auch unter historischen Gesichtspunkten nicht unwichtigen Frage, von welcher Stelle der Überfall auf Schleicher ausgegangen und wer dieser Dr. Hans Schmidt gewesen sei, nicht nachgegangen ist. Eben hierzu ist aber Fritz Tobias aufgrund seiner umfangreichen Literatur- und Dokumentensammlung zu folgendem Ergebnis gelangt:[8] Nach einem SS-Stammrollenauszug ist Hans Schmidt am 11. März 1908 geboren, war im Juni 1934 also 26 Jahre alt, was zu der Aussage der Haushälterin über den Mann, der allein oder als erster geschossen habe, passen würde. Er kam am 30. Mai 1933 zur SS, wurde am 1. Dezember 1933 Sturmführer und am 1. Mai 1934 Obersturmführer. Zu dieser Zeit ist als seine Wohnung „Eichenallee 16/18" in Berlin angegeben, also in derselben Straße wie der SD-Oberabschnitt Ost.

Orb schreibt: „Die berüchtigten Sonderaktionen des SD-RFSS[9] gingen nicht vom Gestapa in der Prinz-Albrecht-Straße aus, sondern vom

SD-Oberabschnitt Ost in der Eichenallee, wo auch Heydrich sich mehrere Stunden an diesem Tag aufgehalten hat. Vom SD Oberabschnitt-Ost startete ein Rollkommando unter Führung des SS Obersturmführers SCHMIDT, welches ‚versehentlich' General Schleicher ‚umlegte'".[10]

Orb, der hier auf Grund eigener Kenntnis schreibt, nennt also immer wieder den Namen Hans Schmidt, beschreibt, was dieser war – Dr. jur., SS-Obersturmführer – und seine Stellung in dem SD-Oberabschnitt Ost. So bleibt die Frage, ob bei aller schriftstellerischen Phantasterei der konkrete harte Kern – Schmidt erschießt v. Schleicher – nicht doch wahr ist.

23 Jahre nach dem Erscheinen von Orbs Buch wurde Hans (Dr. Johannes) Schmidt im Rahmen einer Ermittlungssache der Staatsanwaltschaft beim Kammergericht Berlin – 3 P (K) Js 17.68 tatsächlich aufgesucht. Er lebte damals in Mühlheim am Main und war Oberverwaltungsrechtsdirektor. Am 12. Juni 1968 war ihm als Ratgeber in Erschließungsfragen die Ehrenplakette der Gemeinde Nauheim verliehen worden. Am 2. Oktober 1969 wurde er in Mühlheim/Main von einem Beamten des Hessischen Kriminalamtes vernommen.[11] Dabei sagte er aus, er habe in seiner Vorbereitungszeit als Referendar auch den Polizeidienst kennenlernen wollen und habe sich deshalb zum Polizeipräsidium München überweisen lassen. Wohl im März 1934 sei er zum Polizeipräsidium in Berlin „und dadurch in die Verbindung mit dem SD-Oberabschnitt „Ost" gekommen. Weiterhin führte er aus: [12]

Von dem Röhm-Putsch weiß ich nur, was jeder andere auch weiß. Welche Aufgaben im einzelnen vom SD-Oberabschnitt „Ost" wahrgenommen sind, weiß ich nicht. Soweit ich unterrichtet bin und mich noch entsinnen kann, waren die Angehörigen zu Hausdurchsuchungen und Verhaftungen eingesetzt. Ich selbst bin an dem Tage in dem Dienstgebäude auch gewesen, das durch bewaffnete Einheiten geschützt war. Bei wem und mit wem ich gearbeitet habe, weiß ich nicht. Da ich ohnehin nur unregelmäßig dort gewesen bin, weiß ich auch nur, daß der SD-Oberabschnitt „Ost" nur in V-Mann-Angelegenheiten zu tun hatte. Nach meinem Urlaub bin ich wohl zum 31. Juli 1934 aus Berlin zurück und habe den Vorbereitungsdienst in Thüringen fortgesetzt.

Auf die Frage, ob der SD-Oberabschnitt „Ost" am 30. 6. 1934 bei Verhaftungen bzw. Exekutionen eingesetzt gewesen sei, antwortete er: „Verhaftungen wohl, von Exekutionen meines Erachtens nein. Ich habe auch nicht gesprächsweise davon erfahren." Über Dr. Behrends, den Leiter des SD-Oberabschnitts Ost zu Berlin, sagte er:

Dr. Behrends lernte ich kurz in München kennen und traf ihn dann in Berlin wieder. Dort war er der Leiter der Dienststelle des SD-Oberabschnittes „Ost". Gesprochen habe ich mit ihm nur einige Male, weil entweder ich oder er nicht da war. Auf Befragen erkläre ich, daß ich keine Kenntnis davon habe, daß Dr. Behrends Sonderkommissar der Gestapo zur Liquidierung der Affäre Röhm war. Behrends selbst habe ich irgendwann vor dem 30. 6. 1934 letztmalig gesehen. Ich habe Behrends auch später nicht mehr gesehen. Außer dem Herrn Behrends ist mir nur noch ein Herr Pruchtnow bekannt, der meiner Auffassung nach der Vertreter des Herrn Behrends war.

Bei der Vernehmung wurden Schmidt noch zahlreiche weitere Personennamen genannt und wurden ihm Bilder vorgelegt, wozu er stets erklärte, niemanden davon zu kennen. Schließlich wurden ihm Passagen aus dem Buch des „Heinrich Orb" vorgelesen worden. Er wies alle dort erhobenen Anschuldigungen zurück und erklärte:

Ich bin weder Leiter der Informationsabteilung im SD-Oberabschnitt „Ost" gewesen, noch hatte ich irgendetwas mit der Sache Schleicher zu tun. [...] Nochmals möchte ich erwähnen, daß ich an diesem Tage, dem 30. 6. 1934, an keinen Aktionen in Sachen Röhm-Putsch teilgenommen habe. Ich habe auch keine Kenntnis von angeblichen Rollkommandos, die laut Orb vom SD-Oberabschnitt „Ost" in der Eichenallee ausgegangen sein sollen.

Aus dem Protokoll ist nicht ersichtlich, ob auf einem der Schmidt vorgelegten Bilder auch Orb abgebildet war. Der Name Pfeifer kommt in dem Protokoll nicht vor, auch nicht die Frage, ob Schmidt Orb gekannt habe. Allerdings findet sich in dem Protokoll folgende Erklärung: „Ich bin entsetzt über die mir vorgelesenen Stellen aus dem Buch von Orb. Mit so etwas habe ich nie gerechnet." Schmidt forderte nachdrücklich dazu auf, nach Orb zu forschen. Dieser war damals allerdings schon seit fast zwei Jahrzehnten tot oder war nach vorgetäuschtem Tod unter anderer Identität untergetaucht.

Im Jahre 2012 erschien aus der Feder Rainer Orths zum ersten Male eine substantielle Auseinandersetzung mit der Darstellung Heinrich Orbs (Pfeifers) und dessen Behauptung, Schmidt sei der Mörder der Eheleute v. Schleicher gewesen.[13]

Rainer Orth hatte auch eingehende Recherchen über das Leben und den angeblichen Tod Orbs (Pfeifers) angestellt und hatte auch dessen Sohn ermittelt. Orb (Pfeifer), der 1905 geboren war, soll sich am 23. Juli 1949 mit Zyankali das Leben genommen haben. Am 28. Juli 1949 wurde jedenfalls eine Urne beigesetzt, die seine Asche enthalten haben soll. Sein Sohn bezweifelt das jedoch und hält es für möglich, dass seines Vaters Tod nur vorgetäuscht worden sei, damit Orb unter einer neuen Identität vollends aus seinem bisherigen Leben verschwinden konnte – offenbar auch aus dem Leben seines Sohnes, möglicherweise aber nicht aus dem Leben seiner Frau.

Ausführlich erörtert Rainer Orth, von wem die Weisung ausgegangen sei, dass Schleicher „verhaftet – wenn nicht gar getötet – werden musste".[14] Er zieht dabei nicht nur Hitler, Göring und Himmler in Betracht, sondern auch Heydrich als selbständigen Befehlsgeber. Bei jedem von ihnen hält er es für möglich. Letztlich müsse es Behrends und somit der SD, also Heydrich, gewesen sein. Auch über das Leben von Johannes Schmidt hat Rainer Orth nähere Einzelheiten ermittelt und hat sich ferner mit Schmidts Psyche befasst. Zur Frage von Schmidts Täterschaft kommt er zu dem Ergebnis, „nach dem Prinzip der Wahrscheinlichkeit [sei] davon auszugehen, dass seine [Heinrich Orbs] Behauptung von der Täterschaft Schmidts im Mordfall Schleicher zutrifft."[15]

Auch welche weiteren Personen an der Aktion gegen Schleicher beteiligt gewesen sein dürften, erörtert Rainer Orth. Allerdings sieht er in Schmidt gemäß dessen Persönlichkeit nicht den am besten „qualifizierten" Empfänger für einen Mordbefehl, vielmehr eher für einen Verhaftungsbefehl, neigt also der Darstellung von Orb (Pfeifer) zu, dass es sich um eine Art Versehen gehandelt habe. Für die Täterschaft Schmidts stimmt jedenfalls sein Ergebnis mit dem überein, was hier vertreten werden soll, überein.

Schmidt distanziert sich in seinen Aussagen allzu weit und teilweise eindeutig nicht wahrheitsgemäß von der Situation. Immerhin hat er in der Eichenallee gewohnt, wird also nicht „nur unregelmäßig" auf der Dienststelle gewesen sein. Er muss vielmehr eng mit ihr verbunden gewesen sein. Es kann nicht so gewesen sein, dass er, weil er bei dem Polizeipräsidium in München war, einfach mal kurz zum Polizeipräsidium in Berlin überwiesen worden und „dadurch in die Verbindung mit dem SD-Oberabschnitt ‚Ost' gekommen" war.

Seine Darstellung, dass sich sein Kontakt mit dem SD Oberabschnitt-Ost beiläufig aus seiner Ausbildung bei dem Polizeipräsidium im München ergeben habe, ist auch aus anderen Gründen unglaubwürdig: In einem Brief des Reichsschatzmeisters der NSDAP in München vom 7. 3. 1934 an die Gauleitung in Thüringen wird dieser mitgeteilt, dass der Parteigenosse Hans Schmidt mit Wirkung vom 1. März 1934 der Ortsgruppe Braunes Haus München „SS Sicherheitsdienst" zugeteilt worden sei.[16] In einem Schreiben mit dem Briefkopf „Nationalsozialistische Deutsche Arbeiterpartei – Der Stellvertreter des Führers – Stab" vom 18. Mai 1934, in dem der Vorschlag unterbreitet wird, Schmidt zum Regierungsrat zu ernennen,[17] wird hinsichtlich seiner Wohnsitze mitgeteilt: „seit 24. 2. 34 Berlin-Westend, Eichenallee 16" und als nächster: „seit 1. 9. 34 Gotha, Mönchelstraße 40".

Vom Polizeipräsidium ist nicht die Rede, weder in München noch in Berlin. Aber wie dem auch sei – jedenfalls war Schmidt mit Wirkung ab dem 1. März 1934 offiziell dem „SS Sicherheitsdienst" in München zugeteilt und war schon einige Tage zuvor nach Berlin in die Eichenallee gekommen. Was seine spätere Zeit in Thüringen betrifft, so war er nach einem Schreiben des SS-Abschnitts XXVII, Gotha, vom 26. September 1936 seit dem 1. 4. 1936 in der Gestapodienststelle des Thüringischen Innenministeriums in Weimar tätig.

Schließlich wäre es ein sonderbarer Zufall, dass er in München etwas mit dem Dr. Behrends zu tun hatte und, als dieser Leiter der Dienststelle des SD-Oberabschnitts „Ost" in Berlin geworden war, ebenfalls dorthin kam. Im April 1934 berief Heydrich weitere ihm vertraute Kriminalbeamte aus München zur Gestapo nach Berlin. Dort war dann Dr. Behrends mit dem SD die maßgebende Stelle am 30. Juni 1934.[18] Dr. Hermann Behrends war ein alter Freund Heydrichs aus dessen Zeit als Marine-Oberleutnant, war aber selbst nicht bei der Marine gewesen.

Dass Schmidt, während er zugegebenermaßen am 30. Juni 1934 Angehöriger des SD Oberabschnitts Ost in Berlin war, von dem „Röhm-Putsch" nicht mehr gewusst haben will als jeder andere auch, ist schon eine Zumutung. Immerhin räumt er selbst ein, dass der SD Oberabschnitt-Ost zu Verhaftungen eingesetzt worden war. Höhne[19] nennt diese Dienststelle die eine von zwei „Einbruchstellen Himmlers in Görings Imperium" Preußen. Unter diesen Gesichtspunkten gewinnt die Darstellung von Orb

(Pfeifer), wonach sich Heydrich am 30. Juni mehrere Stunden in dieser Dienststelle aufgehalten habe, zusätzlich Interesse. Möglicherweise bestand die Absicht, Göring mit der Erschießung Schleichers zuvorzukommen.

Wir haben es also mit zwei Darstellungen zu tun, derjenigen von Schmidt und derjenigen von Heinrich Orb, die beide in mehrfacher Hinsicht falsch und daher beide fragwürdig sind, von denen jedoch in dem Kernpunkt, nämlich ob Schmidt an dem Schleicher-Mord beteiligt war oder nicht, eine logischerweise richtig sein muss. Warum sollte Orb, wenn Schmidt gar nichts damit zu tun gehabt hatte, ihn ausdrücklich mit Namen nennen und nähere Angaben über ihn machen? Er hätte doch, falls er es nicht sogar wusste, damit rechnen müssen, dass Schmidt noch lebte, dass ihm das Buch zu Gesicht kommen würde und dass dieser, wenn er reinen Gewissens war, dagegen vorgehen würde.

Schmidt dagegen hätte, wenn Orbs Angaben im Kern zutreffen sollten, allen Grund gehabt, das abzustreiten und so weit wie möglich zu vernebeln. Auch liegt der Gedanke nicht fern, dass Schmidt im Laufe der 23 Jahre Kenntnis von dem Buch bekommen hat, das ihn, der unbestritten dem SD Oberabschnitt Ost in der Eichenallee angehört hat, ja mindestens interessieren musste, und dass er aus guten Gründen nicht an der Sache gerührt hat. Ein Interesse, zu lügen, wäre nur bei Schmidt offensichtlich. Welches Interesse sollte dagegen Orb gehabt haben, Schmidt zu beschuldigen? Phantasievoll eine Geschichte zu erfinden, ist eine Sache, eine bestimmte, genau und zutreffend identifizierte und wahrscheinlich noch lebende Person als Täter zu nennen, ist aber von ganz anderer Qualität.

Also tendiert das Zünglein an der Waage in diesem Kernpunkt eher zu der Angabe von „Orb“ (Pfeifer). Dass um diesen Kernpunkt herum bei ihm fast alles falsch ist, ist nicht unerklärlich. Bei der Schilderung dessen, was er nicht aus eigenem Erleben kannte, hat „Orb“ seiner schriftstellerischen Phantasie freien Lauf gelassen, wobei ihm dann die Darstellung zu einer makabren Peinlichkeit geriet: Dass einem nicht völlig verrohten Menschen eher zum Heulen als zum Lachen zumute ist, wenn er gerade bei einem Mord mitgewirkt hat, zumal an der Ermordung eines Ehepaars, das arglos in seiner Wohnung saß, dazu bedarf es nicht der Angst vor einer Strafe.

Aber kann – wovon Rainer Orth insoweit übereinstimmend mit Orb (Pfeifer) ausgeht – der Befehl gelautet haben, Schleicher nur zu verhaften? Das kann doch eigentlich nicht der Fall oder jedenfalls erkennbar nicht ernst gemeint gewesen sein, wenn der Mörder anschließend mit Jubelgeheul empfangen und gefeiert wurde. Außerdem ist da noch die Sache mit den festgestellten sieben Pistolenschüssen. Sieben gezielte Pistolenschüsse können nicht gut aus Versehen oder in vermeintlicher Notwehr abgegeben worden sein, und der Version von den unkontrollierten 40 Schüssen aus einer automatischen Waffe stehen alle Zeugenaussagen und der Befund am Ort des Geschehens entgegen. Dies alles dürfte gegen die Annahme eines Versehens sprechen.

Doch das wohl wichtigste Indiz liefert Hitler selbst. Schon seit seiner Machtübernahme im Januar 1933 war es ihm ein Ärgernis gewesen, dass Schleicher „immer noch lebte". Das hat er lange vor der Röhm-Affäre Hermann Göring und dem anfänglichen Leiter der neugegründeten Gestapo gegenüber einmal gesagt, und davon hat er noch bei späteren Gelegenheiten in einer Weise gesprochen, die keinen Zweifel darüber aufkommen lässt, dass andere „Zuständige" wie Himmler und Heydrich es auch gewusst haben müssen. Als er in der Nacht zum 30. Juni 1934 nach München geflogen war, um die Aktion gegen Ernst Röhm selbst zu leiten, nannte er Schleicher und General Ferdinand v. Bredow als (in Berlin) ebenfalls davon betroffen, und in seiner ersten Rede danach wiederholte er nicht mehr die Lüge von dem Versehen, sondern erklärte ausdrücklich, dass er solche Leute „totschießen" lasse.[20]

Für die historische Wertung ist allerdings viel wichtiger, was die Dienststelle betrifft und vor allem die von Orb (Pfeifer) bekundete Tatsache, dass sich Heydrich an diesem Tage mehrere Stunden dort aufgehalten hat, wovon auch Rainer Orth ausgeht. Mit großer Wahrscheinlichkeit kann also gesagt werden, dass der Mord an Schleicher von dem SD Oberabschnitt-Ost in der Eichenallee ausgegangen ist und dass Heydrich der unmittelbare Veranlasser war.

Verdunkelungsversuche

Da das Hausmädchen Ottilie der Eheleute Schleicher sofort die Kusine des Generals verständigt hatte, wurden auch andere Angehörige und die engsten Freunde des Generals umgehend von dem Vorgefallenen verständigt. Erwin Planck und seine Frau begaben sich sofort in die Griebnitzstraße. Der Sohn des weltbekannten Physik-Nobelpreisträgers Max Planck war schon während des Ersten Weltkrieges ein Mitarbeiter Schleichers im Großen Generalstab gewesen, war auch im Reichswehrministerium etliche Jahre sein Mitarbeiter geblieben und zuletzt Staatssekretär im Kanzleramt geworden. Nach der Machtübernahme durch Hitler war er aus dem Staatsdienst ausgeschieden. Er war ein enger Vertrauter und Freund Schleichers. Schleicher nannte ihn Erwin, auch wenn sie sich siezten.

Erwin Planck wollte vor allem erreichen, dass die Reichswehr das Haus besetze, einen Zugriff der SS auf die Leichen verhindere und für eine Aufklärung der ungeheuerlichen Vorgänge sorge. Nichts erreichte er. Er versuchte, zu dem Chef der Heeresleitung, General Werner Freiherr v. Fritsch, dem Nachfolger von General Kurt v. Hammerstein-Equord, vorzudringen, was ihm an diesem Tage aber ebenfalls noch nicht gelang. Als er ihn schließlich erreichte, hielt er ihm vor: „Wenn Sie tatenlos zusehen, werden Sie früher oder später das gleiche Schicksal erleiden."

Frau Nelly Planck hat über die Vorgänge am Nachmittag dieses 30. Juni einen Bericht verfasst und dazu vermerkt, General Werner v. Blomberg, der Reichswehrminister, habe „völlig versagt".[21] Heute weiß man, wie tief Blomberg selbst in die Sache verstrickt gewesen war. Von Fritsch ist so etwas nicht bekannt geworden. Vielmehr berichtet Karl v. Plehwe, Fritsch sei bei Blomberg vorstellig geworden, habe jedoch die Antwort erhalten, es gebe ausreichende Beweise für die Schuld Schleichers und Bredows (über den noch mehr zu sagen sein wird). Fritsch erlitt zwar nicht das gleiche Schicksal wie Schleicher, aber auch sein Weg führte in einen Abgrund, und er fand schließlich im September 1939 vor Warschau den Tod. Man kann wohl feststellen, dass ihm dadurch noch etliches erspart geblieben ist.

Generaloberst v. Hammerstein-Equord wurde sowohl bei Fritsch als auch direkt bei Blomberg vorstellig, erhielt aber ebenfalls den Bescheid, es gebe einwandfreie Beweise von Schleichers Schuld. Vorgelegt wurden ihm solche nie. Ebenso vergeblich wandte sich Hammerstein an den Generalleutnant Beck, der im Herbst 1933 Chef des Generalstabs des Heeres geworden war. Ein Freund Schleichers schon aus der Generalstabszeit, Rittmeister a.D. Arno v. Moyzischewitz, hatte erst wenige Tage vor dem Mord im Auftrag Becks Schleicher aufgesucht, um ihn vor politischer Betätigung zu warnen. Darauf wird später noch ausführlicher einzugehen sein. Nunmehr versuchte er, Beck wieder zu erreichen, bekam ihn jedoch ebenso wenig zu sprechen wie noch weitere Personen, die vorstellig werden wollten.

Auch der einstige Adjutant Hindenburgs, v. Pentz, und ein Freiherr v. Sell haben – so berichtet Hammersteins Sohn Kunrat v. Hammerstein – versucht, bei Fritsch zu erreichen, dass sofort die Wohnung von Schleicher durch die Reichswehr gesichert und die Sache von einem Kriegsgerichtsrat untersucht werde. Wie Erich v. Manstein berichtet, hat das auch General Erwin v. Witzleben versucht. Fritsch habe versucht, Blomberg zu veranlassen, bei Hitler vorstellig zu werden. Doch Blomberg blockte alles ab, und zu selbständigem Handeln war keiner bereit.

Unterschiedliche Angaben gibt es darüber, was am Nachmittag in Schleichers Haus in der Griebnitzstraße geschah. Übereinstimmung besteht darin, dass noch einmal Gestapobeamte erschienen. Fest steht, dass sie die Polizei und die Justiz an weiteren Ermittlungen hinderten. Nach anderen Berichten wollten sie auch nach Unterlagen suchen. Plehwe erwähnt darüber hinaus etwas von Schmuck, doch habe der befragte Arzt Dr. Schulz „mutig und wahrheitswidrig" erklärt, das Wenige, was Frau v. Schleicher besessen habe, sei bereits den Angehörigen ausgehändigt worden.[22]

Von größerer Bedeutung sind Berichte, es sei ein weiteres Rollkommando erschienen, um auf Kurt v. Schleicher zuzugreifen. Dies habe jedoch nur noch die bereits Erschossenen vorgefunden. Nach Meissner hat Göring Schleicher durch ein Kommando von Kriminalbeamten in Schutzhaft nehmen und verhören lassen wollen.[23] Das muss eine Gruppe gewesen sein, die erschienen war, bevor der Leichnam des Generals und die zu dieser Zeit möglicherweise noch lebende, wenn auch bewusstlose Frau v. Schleicher in das städtische Krankenhaus Nowawes verbracht worden waren. Nach Görings Meinung – so Meissner – sei die Tat „von einem wilden Rollkommando der SS" ohne besonderen Auftrag verübt worden.

Diese Version passt zu den Feststellungen, nach denen das Rollkommando, von dem die Eheleute v. Schleicher getötet wurden, von dem SD Oberabschnitt-Ost ausgegangen sei. Beide Darstellungen, die in jeder Hinsicht völlig unabhängig voneinander zustandegekommen sind, bestätigen sich somit gegenseitig. Es sind tatsächlich zwei verschiedene Kommandos zum Zugriff auf Schleicher ausgesandt worden, eines auf Weisung Heydrichs vom SD Oberabschnitt-Ost mit der ausdrücklichen oder durch die Blume vermittelten Weisung, Schleicher auf der Stelle zu erschießen, und eines von Göring, das anders gemeint gewesen sein könnte. Auf die Rolle und auf Äußerungen Görings wird in anderem Zusammenhang noch einmal zurückzukommen sein.

General Werner v. Blomberg erließ am 1. Juli 1934 einen Tagesbefehl an die Truppe, in dem er Hitlers „soldatische Entschlossenheit und beispielhaften Mut“ lobte, den dieser bei der Beseitigung der „Meuterer und Verräter“ gezeigt habe. Schleicher und Bredow wurden darin zwar nicht genannt, aber mussten also mit gemeint sein. Von irgendeinem Versehen oder gar Bedauern über deren Tod war weder in dem Tagesbefehl selbst noch am Rande die Rede. Der Vorwurf „Meuterer und Verräter“ galt uneingeschränkt für alle, die „beseitigt“ worden waren.

Während über den Tod des Generalmajors Ferdinand v. Bredow nichts Näheres verlautbart wurde, konnte man den Tod General Kurt v. Schleichers und dessen Frau nicht völlig mit Schweigen übergehen. So war am Montag, dem 2. Juli 1934, hier und da sogar schon am Sonntag, dem 1. Juli, in den gleichgeschalteten deutschen Zeitungen in nicht sehr großer Aufmachung irgendwo in den Seiten die folgende Version zu lesen:

In den letzten Wochen wurde festgestellt, dass der frühere Reichswehrminister, General a. D. von Schleicher, mit den staatsfeindlichen Kreisen der SA-Führung und mit auswärtigen Mächten staatsgefährdende Verbindungen unterhalten hat. Damit war bewiesen, dass er sich in Worten und Wirken gegen diesen Staat und seine Führung betätigt hat. Diese Tatsache machte seine Verhaftung im Zusammenhang mit der gesamten Säuberungsaktion notwendig. Bei der Verhaftung durch Kriminalbeamte widersetzte sich General a. D. von Schleicher mit der Waffe. Durch den dabei erfolgten Schusswechsel wurden er und seine dazwischentretende Frau tödlich verletzt.

Für den wirklichen Ablauf und für die wirklichen Gründe und Hintergründe ist diese Darstellung gänzlich wertlos. Es ging nicht darum, den tatsächlichen Sachverhalt zu vermelden, sondern für die nicht geheimzuhaltende Tötung Schleichers eine halbwegs plausible Erklärung zu (er)finden.

Zur Beisetzung von Kurt und Elisabeth v. Schleicher auf dem Lichterfelder Friedhof waren unter anderen Kurt v. Schleichers Schwester Frau v. Gaudecker, Elisabeth v. Schleichers Tochter aus erster Ehe Lonny, die von beiden Eheleuten wie eine gemeinsame Tochter angesehen worden war, sowie Erwin Planck mit Frau Nelly und der Generaloberst v. Hammerstein-Equord mit seiner Tochter, ein Patenkind Schleichers, erschienen. Aber Frau v. Gaudecker musste den Trauergästen mitteilen, dass die Leichname, wie sie sagte, „geklaut" worden seien. Sie waren aus dem Krankenhaus Nowawes von der Gestapo abgeholt worden. Unzweifelhaft sollte verhindert werden, dass sich aus den Schussverletzungen der Mord nachweisen ließ. Die Leichen wurden eingeäschert, und die Angehörigen bekamen später die Urnen zugestellt.

Wenn man die wirklichen Zusammenhänge erfassen und verstehen will, muss man die vielschichtige und gefährliche Gemengelage ins Auge fassen, in der es zu dem großen Morden gekommen war. Die Opposition von links war ausgeschaltet. Aber es gab noch eine Opposition von rechts, die Hitler und den Nationalsozialismus von Grund auf ablehnte. Es gab die katholische Opposition. Und vor allem gab es in den Strömungen, aus denen die Regierung hervorgegangen war, durchaus unterschiedliche Vorstellungen und Ziele. Auf der einen Seite standen die Radikalen, insbesondere in der SA, die eine Revolution gegen die Konservativen und das Bürgertum wollten, und auf der anderen Seite eben die Nationalkonservativen, die, wenn nicht die Wiederherstellung der Monarchie, so jedenfalls ein ähnlich geordnetes, von einer „guten Obrigkeit", aber nicht von einer Diktatur regiertes Staatswesen wollten. So gab es unter der Decke scheinbarer Gemeinsamkeit erhebliche Spannungen, die sich zu entladen drohten.

Die Spannungen zwischen den Kräften hinter der Regierung Hitler

Die SA und Ernst Röhm

In der Weimarer Republik gab es mehrere paramilitärische Verbände. Ganz links stand der „Rote-Frontkämpfer-Bund“, der aus revolutionären Soldaten- beziehungsweise Matrosenbünden hervorgegangen war und sich zu einer radikalen Schutz- und Sturmtruppe für die Kommunistische Partei Deutschlands (KPD) entwickelte. Für die Ereignisse des 30. Juni 1934 hatte dieser Bund keine Bedeutung, weil schon sogleich nach der Machtübernahme durch die Nationalsozialisten am 30. Januar 1933 seine Mitglieder in Gefängnisse oder Konzentrationslager verbracht worden oder in den Untergrund abgetaucht, auch etliche ermordet worden waren.

Zur Verteidigung der Republik gegen die republikfeindlichen Kräfte von rechts und von links war auf Initiative der Sozialdemokratischen Partei Deutschlands (SPD) das „Reichsbanner Schwarz-Rot-Gold“ gegründet worden. Nach seiner Satzung war es überparteilich und wurde außer von der Sozialdemokratischen Partei sowohl von den Gewerkschaften als auch von den bürgerlichen Parteien der linken Mitte gestützt. Nach der Zahl seiner Mitglieder war es die stärkste der Organisationen dieser Art. 1933 wurde es verboten. Seine Mitglieder wurden verfolgt. Schon bis Februar 1933 wurden 47 Reichsbannerangehörige ermordet. Somit spielte das „Reichsbanner“ für die Ereignisse des 30. Juni 1934 ebenfalls keine Rolle mehr.

Ein rechtsstehender Verband war „Der Stahlhelm – Bund der Frontsoldaten“. Er stand in der monarchistischen Tradition. Seine Mitglieder trugen bei Aufmärschen und ähnlichen Gelegenheiten die Uniformen aus dem Ersten Weltkrieg und waren militärisch organisiert. Offiziell war der Verband parteipolitisch unabhängig, und praktisch war er das auch schon deswegen, weil sein eigener politischer Einfluss über den derjenigen Partei, mit der er am engsten verbunden war, der Deutschnationalen Volkspartei (DNVP), in vielerlei Hinsicht hinausging. So war er auch an der Regierungsbildung vom 30. Januar 1933 beteiligt. Von den Vorgängen des 30. Juni 1934 war er nicht unmittelbar betroffen, war aber für deren Auslösung am Rande mitursächlich, weil sich aus ihm heraus eine gewisse Opposition innerhalb des Regierungslagers gebildet hatte. Sein langjährig zweiter Bundesvorsitzender, Oberstleutnant a.D. Theodor Düsterberg, der 1933 zurückgetreten war, wurde am 30. Juni 1934 für einige Zeit in ein Konzentrationslager verbracht.

Hauptsächlich aus Freikorps hervorgegangen war die „Sturmabteilung (SA)".[24] Sie war eine radikal republikfeindliche Organisation, in ihren Aktionen rabiat, gelegentlich bis zum Mord. Sie war eng verbunden mit der Nationalsozialistischen Deutschen Arbeiterpartei (NSDAP). Anfänglich war die SA stärker als die Partei. Der bayerische Hauptmann Ernst Röhm war schon seit 1919 in München in nationalistisch-revolutionären Korps und Verbänden aktiv gewesen. In diesem Jahr hatte er auch mit Hitler Bekanntschaft geschlossen, hatte die Führung der SA jedoch nicht offiziell übernommen, wohl deshalb, weil er noch Offizier der Reichswehr war. Die SA-Leute trugen braune Hemden und Hosen. Später entstand – zunächst innerhalb der SA als eine Untergruppe – die „Schutzstaffel" (SS) zum persönlichen Schutz Adolf Hitlers. Ihre Angehörigen trugen schwarze Uniformen.

Im Januar 1923 wurde Hermann Göring „Kommandeur" der SA. Nach dem misslungenen Putsch vom 8./9. November 1923 waren Göring und Röhm erst einmal ausgeschaltet, doch bald konnte Göring die Führung wieder übernehmen. Im Mai 1924 setzte sich Ernst Röhm als Führer und Kommandeur der SA gegen Göring durch. Wahrscheinlich hat schon dieser Vorgang die Rivalität zwischen den beiden begründet. Sie mochten sich aber auch vom Typ her nicht und gerieten im Laufe der Jahre immer wieder aneinander, weil beide das Amt des Reichswehrministers im Auge hatten. Röhm war bestrebt, die SA zwar im Einvernehmen mit der NSDAP zu halten, aber doch ihre Selbständigkeit zu wahren. Auch als die Partei sich weiterentwickelte und mehr und mehr zu einer Hitler-Partei wurde, trat Röhm Hitler immer noch als gleichberechtigt gegenüber.

Diese Art des Auftretens und auch ihm gegenüber geäußerte Widersprüche tolerierte Hitler regelmäßig. Aber Röhm wollte die SA unabhängig von Direktiven der Parteileitung führen. Darüber kam es zum Konflikt, und im April 1925 trat Röhm als Führer der SA zurück. Er führte danach eine Zeit lang ein ziemlich kümmerliches Leben und wanderte schließlich nach Bolivien aus. Dort leistete er für das Militär Aufbau- und Organisationsarbeit und wurde Oberstleutnant. In der SA wechselte inzwischen die Führung einige Male, bis sich im August 1930 Hitler selbst zum Führer der SA machte und das auch blieb, solange es die SA gab.

Hitler und Röhm behielten sich im Blick, zunächst jedenfalls mindestens Röhm Hitler. Röhm beobachtete sorgfältig die politischen Entwicklungen in Deutschland und den einsetzenden rasanten Aufstieg der NSDAP. Heinrich Himmler, der damals noch sehr gut mit Röhm stand, hielt die Verbindung aufrecht, bis Röhm 1930 signalisierte, dass er gern wieder nach Deutschland zurückkehren würde, wenn Hitler Verwendung für ihn haben sollte. Hitler hatte Verwendung für ihn und machte ihn zum Stabschef der SA. Es war ein eigenartiges Verhältnis zwischen ihnen. Röhm war innerhalb der „Bewegung" auch der einzige, mit dem Hitler sich duzte, und nach wie vor der Einzige, der Hitler nie devot gegenübertrat, obwohl er jetzt von ihm abhängig war. Mit Röhms Homosexualität hatte das nichts zu tun. Hitler vertraute ihm und brauchte ihn wohl auch als Gegengewicht zu anderen Größen der „Bewegung".

Unter diesen hatte Röhm kaum Freunde, wohl aber mächtige und entschiedene persönliche und sachliche Feinde. Insoweit spielte nun auch Röhms Homosexualität eine erhebliche Rolle. Sie blieb in der Tat nicht eine Angelegenheit des privaten Lebens, sondern war in einem engen Führungskreis um ihn ein Element der Verbundenheit. Es entstand eine „Homosexuellenriege,"[25] und die zuweilen ausschweifende Art ihrer Gelage erregte Anstoß.

Neben Hermann Göring gehörten zu Ernst Röhms Gegnern auch Rudolf Hess, der „Stellvertreter des Führers" in der Partei, und auch der Reichsorganisationsleiter der NSDAP, Gregor Strasser, weil sie ihn alle persönlich nicht leiden konnten. Hess lehnte Röhm wegen dessen Lebensweise ab und Strasser wohl aus sachlichen Gründen. Strasser verfügte in der Partei über eine nicht unbedeutende Anhängerschaft. Er genoss Ansehen bei Schleicher und sogar bei Hindenburg, dem Reichspräsidenten. Spätestens 1932 war er ernsthaft im Gespräch als Vizekanzler einer Regierung ohne Hitler und als Kandidat für den Posten des Preußischen Ministerpräsidenten. Mit Röhm dahinter wäre das nicht in Frage gekommen. Die Ereignisse um Strasser am 30. Juni 1934 sind noch aufklärungsbedürftig. Der spätere Reichspropagandaminister Joseph Goebbels schlug sich auf die Seite von

Röhms Gegnern. Vor allem tat das auch Röhms einstiger Gönner Heinrich Himmler.

Hitler hatte Röhm bei dessen Rückkehr aus Bolivien eine Zusage gemacht, die sich mit ihren Auswirkungen noch als einer der auslösenden Faktoren für das Unheil des 30. Juni 1934 erweisen sollte. Für den Fall seiner Machtübernahme hatte er ihm nämlich das Reichswehrministerium versprochen. In dem Parteiprogramm der NSDAP hieß es unter Punkt 22 auch: „Wir fordern die Abschaffung der Söldnertruppe und die Bildung eines Volksheeres." Die „Söldnertruppe" – das war die Reichswehr als Berufsarmee, und Röhm sah sich als Chef eines zukünftigen Volksheeres.

In diesem Zusammenhang ist noch einmal zurückzukommen auf die Bedeutung der paramilitärischen Organisationen in der Weimarer Republik. Diese waren alle mehr oder weniger militärisch organisiert, leisteten Saalschutz, auch Schutz für Veranstaltungen der ihnen nahestehenden Parteien. Auf der Straße und anderweitig in der Öffentlichkeit traten sie mit Aufmärschen und Kundgebungen hervor, wobei insbesondere die SA nicht selten brutal in Erscheinung trat. Die Verbände trieben Sport, insbesondere Wehrsport, leisteten Arbeitsdienst und unterhielten zahlreiche Neben- und Unterorganisationen, so für Frauen und für Jugendliche. Sport und politische Erziehung im Sinne der entsprechenden politischen Lager hatte vor allem bei Jugendlichen eine erhebliche Bedeutung.

Im Reichswehrministerium gab es Überlegungen und Pläne, diese Organisationen wegen der Gefahr, dass aus ihnen Bürgerkriegsarmeen werden könnten, alle zu verbieten und aus der SA, dem Stahlhelm und dem Reichsbanner eine unpolitische Wehrsportorganisation zu bilden. Damit sollte zugleich ein Reservoir für die Reichswehr geschaffen werden, die wegen der durch den Versailler Vertrag vorgeschriebenen Begrenzung auf 100.000 Mann viel zu schwach war. Es war vor allem die unter der Leitung des im Ministerium vom Major bis zum Generalleutnant aufsteigenden Kurt v. Schleicher stehende Gruppe, die sich mit diesem Thema beschäftigte.

Am 14. Juni 1932 legte Schleicher als Reichswehrminister eine Denkschrift vor, in der neben der Reichswehr die Schaffung einer Miliz mit einer dreimonatigen Dienstzeit vorgesehen war. Diese Idee ließ sich aufgrund des Versailler Vertrages nicht ohne eine gewisse Abstimmung mit den Siegermächten verwirklichen und machte Verhandlungen mit diesen erforderlich. Nach anfänglichem Widerstand von Seiten Frankreichs erschienen solche Verhandlungen nicht mehr aussichtslos. Wesentlich war für Schleicher dabei, dass die Reichswehr als Elitetruppe und als Führungskader eigenständig bleiben sollte. Innenpolitisch führte Schleicher im Zuge solcher Planungen schon früh auch Gespräche mit den Führern der paramilitärischen Organisationen, darunter mit Ernst Röhm als dem Stabschef der SA.

Röhm mochte glauben, im Wesentlichen mit Schleicher übereinzustimmen oder mit ihm zu einer Übereinstimmung gelangen zu können. Doch was Röhm anstrebte, war eine Volksmiliz unter seiner Führung anstelle der Reichswehr, und daher wollte er auch selbst der Reichswehrminister werden. Das aber entsprach keineswegs den Vorstellungen Schleichers. In der NSDAP gab es ebenfalls überwiegend Widerstand gegen die Pläne Röhms, und der Umstand, dass er mit Schleicher nicht weiterkam, schwächte seine Stellung in der SA und der NSDAP.[26] Röhm knüpfte bei der Verfolgung seiner Volksmilizpläne auch selbst und durch seinen Agenten Georg Bell Auslandskontakte und führte Gespräche mit Repräsentanten im Ausland und – wie Schleicher – mit dem französischen Botschafter in Berlin, François-Poncet.

Nun war aber alles ganz anders gekommen. General Werner v. Blomberg war der neue Reichswehrminister geworden mit dem Kuriosum, dass er als solcher bereits vereidigt worden war, als es die Regierung, der er angehören sollte, noch gar nicht gab. Erst einige Stunden später war am 30. Januar 1933 Hitler von dem Reichspräsidenten Paul v. Hindenburg zum Reichskanzler ernannt worden. Vorbereitet hatte das Franz v Papen, der nach den Vorstellungen Hindenburgs und nach seinen eigenen eigentlich selbst wieder Kanzler werden sollte, was er schon einmal vor Schleicher für eine kurze Zeit gewesen war. Dann hätte man Papen nachgegeben und sich eingebildet, Hitler „einrahmen“ oder gar „in die Ecke drücken“ zu können. Aber Hitler und die Nationalsozialisten hatten dabeisein sollen, und Hitler war dazu nur bereit gewesen, wenn er – inzwischen Führer der mit Abstand stärksten Partei – selbst der Kanzler würde.

Tatsächlich gehörten der neuen Hitler-Regierung von den Nationalsozialisten zunächst nur noch Wilhelm Frick als Innenminister und Hermann Göring, der Fliegerhauptmann aus dem Ersten Weltkrieg, als Minister ohne Geschäftsbereich und Reichskommissar für die Luftfahrt an. Papen war Vizekanzler und kommissarischer preußischer Ministerpräsident. Der Vorsitzende der unter seiner Führung allerdings stark geschrumpften Deutschnationalen Volkspartei, Alfred Hugenberg, schien als Wirtschafts- und zugleich Landwirtschaftsminister eine starke Position bekommen zu haben, und der erste Bundesführer des „Stahlhelm", Franz Seldte, war Arbeitsminister geworden. Auch die weiteren Minister kamen aus dem bürgerlichen und dem nationalkonservativen Lager. Göring wurde allerdings bald kommissarischer preußischer Innenminister und hatte damit die preußische Polizei unter sich. Kurze Zeit danach wurde er auch preußischer Ministerpräsident.

Aber mit dem, was als „die nationale Revolution" ausgegeben wurde, waren Röhm und die SA alles andere als zufrieden. Sie, die Hitler in den Wahlkämpfen vor 1933 mit Aufmärschen und Kundgebungen, häufig auch als Schlägertruppe, unterstützt und in den ersten Monaten nach dem Januar 1933 vielfach Terror ausgeübt hatten, fühlten sich an dem Erreichten nur unzulänglich beteiligt, ja geradezu beiseite geschoben. So entwickelte sich interner Konfliktstoff. Im Mai 1934 sagte Röhm auf einer Kundgebung in Stuttgart: „Ohne den unerhört opfervollen, blutgezeichneten Kampf der SA hätte es niemals eine deutsche Revolution und niemals ein nationalsozialistisches Deutschland gegeben [...]. Das Ziel der deutschen Revolution ist die Volksgemeinschaft aller Deutschen. Solange diese nicht erreicht ist, ist die deutsche Revolution, ist die deutsche Erneuerung nicht vollendet."[27] Das klang wie eine Kampfansage.

In diesem Sinne wollten Röhm und die SA auch die preußisch-adelige Führungsschicht der Reichswehr beseitigen und das im Parteiprogramm geforderte „Volksheer" schaffen. Dieses sollte eine Miliz sein, in der die „reaktionären" Generäle allenfalls noch als Berater für die SA-Führerschaft eine Rolle spielen könnten. Röhm gliederte die SA auch bereits entsprechend den militärischen Gliederungen. Die Ränge in der SA-Führung entsprachen weitgehend den militärischen Rängen, und Röhm hatte sogar die Nummern der SA-Standarten den Nummern der Regimenter der alten deutschen Armee angepasst.[28]

Victor Lutze, später, nach der Absetzung Röhms, der neue „Stabschef der SA", hat von da an eine Art Tagebuch geführt, diesem jedoch eine ausführliche Betrachtung seines eigenen Werdegangs sowie – worauf es hier vor allem ankommt – der Vorgeschichte des sogenannten Röhm-Putsches vom 30. Juni vorangestellt. Diese Vorgeschichte – und auch die gesamte folgende Entwicklung in Deutschland bis zu Lutzes Tod nach einem Autounfall im Mai 1943 – sieht er ganz aus der Sicht eines aus den Freikorps hervorgegangenen SA-Manns, die insoweit also eigentlich der Sicht Röhms ähnelt, auch wenn Lutze diesen persönlich nicht mochte. Aber er meint, wenn Röhm „etwas vorhatte, so war es nicht ein Putsch zur Beseitigung des Führers, sondern zur Beseitigung des reaktionären und unsozialistischen Militärs“, und mit einem solchen Ziel scheint er durchaus einverstanden gewesen zu sein.[29] Man habe „die ganzen Kampfjahre“ über, also in den Jahren vor 1933, vom „Tag der Abrechnung“ gesprochen. Aber: „Als das nun mit der Beendigung der akuten Revolution und mit dem Übergang zur Evolution immer mehr die auch früher schon im Staat angestellten Institutionen und Organisationen wieder durchführten, fühlten sich manche alten Rabauken – nicht mal die schlechtesten – betrogen.“ Weiter heißt es: „Bei den zivilen Stellen, das war schlimm, darüber schimpfte man, aber traf noch nicht so schwer. Aber beim Militär, was die meisten doch als eine Art Fortsetzung der ‚braunen Armee‘ immer gedacht hatten, was sie so als ‚die Soldaten Adolf Hitlers‘ in rein militärischem Sinne als ihr eigenes Werk betrachteten, das ging an ihr Innerstes. Sahen sie doch in dem Instrument, das nun der Waffenträger des 3. Reiches sein sollte, viele Männer kommandieren, die noch ganz kurz vorher ihre politischen Gegner gewesen waren.“

Da war auch der Konflikt mit der Reichswehr programmiert. Inzwischen erschien dem Bürgertum das Auftreten Röhms und der SA, die zu einem Millionenheer geworden war, immer bedrohlicher.

Die Reichswehr zwischen Weimar und Hitler sowie Kurt v. Schleichers kurze Kanzlerschaft

Die Reichswehr hatte in den Revolutions- und Umbruchsjahren 1919/20, in denen das deutsche Kaiserreich zusammengebrochen war, die neue republikanische, sozialdemokratisch geführte Regierung gestützt. General Wilhelm Groener, in den letzten Wochen des Ersten Weltkriegs der zweite Mann in der Obersten Heeresleitung nach Generalfeldmarschall Paul v. Hindenburg, hatte ihr Unterstützung angetragen, um eine Entwicklung zum Bolschewismus – wie in Russland – zu verhindern. Der damalige Vorsitzende des „Rates der Volksbeauftragten" und später der erste Reichspräsident Friedrich Ebert war darauf eingegangen, und die Reichswehr hatte entscheidend dazu beigetragen, dass trotz spartakistisch-kommunistischer Aufstandsversuche im Januar 1919 die Nationalversammlung gewählt werden und von dieser in Weimar die Verfassung der Republik erarbeitet und verabschiedet werden konnte.[30]

Politischer Referent Groeners war der Major im Generalstab Kurt v. Schleicher gewesen. Er gehörte dann auch dem Reichswehrministerium an, seitdem es unter dem Sozialdemokraten Gustav Noske entstanden war. Schleicher wurde zu einem Offizier der Weimarer Republik. Zwar war er ein adeliger preußischer Offizier in der dritten Generation, war schon als Junge auf die Kadettenanstalt gekommen, und dann, ein paar Tage, bevor er 18 Jahre alt wurde, war er als Leutnant in das 3. Garde-Regiment zu Fuß in Berlin eingetreten. Während des ganzen Ersten Weltkriegs war er im Großen Generalstab gewesen. Sicher war die Weimarer Republik nicht sein Ideal. Aber er war in erster Linie ein deutscher Patriot. Sein ganzes Streben galt seinem deutschen Vaterland, und das war nun einmal – und dies sogar nicht ganz ohne seine Hilfe – die Weimarer Republik.

Ein deutscher Patriot war auch Friedrich Ebert. Schleicher schätzte und verehrte ihn, und Ebert ließ sich nicht selten von Schleicher beraten. Eberts Tod 1925 empfand Schleicher als schweren Verlust sowohl für sich persönlich wie auch und vor allem für Deutschland. Ideologische Vorurteile gab es für Schleicher nicht. Sein Urteil blieb unabhängig. Er hatte schon bei seiner Tätigkeit im Generalstab mit der Industrie zu tun gehabt und hatte Anstoß genommen an dem Missverhältnis zwischen den Leiden der

Soldaten und der Bevölkerung auf der einen und den enormen Gewinnen der Rüstungsindustrie auf der anderen Seite. Vermutlich waren bereits dadurch die Grundlagen dafür entstanden, dass sich später ein recht gutes Verhältnis zu den Gewerkschaften entwickeln konnte und in Bezug auf ihn das Wort von dem „sozialen General" aufkam. Ende 1926 formulierte er in einer Denkschrift pragmatisch und klar: „Nicht Republik oder Monarchie ist jetzt die Frage, sondern wie soll diese Republik aussehen."

Dabei war Schleicher nicht unumstritten. Von der einen Seite wurde er als reaktionärer General aus der konservativen preußischen Offizierskaste angesehen, während die andere Seite aus dem „sozialen General" den „roten General" machte. In Offizierskreisen wurde er, der nie ein Truppenführer gewesen war, auch häufig „Bürogeneral" genannt. Aber er stand in der Reichswehr nicht allein. Ebenso wenige ideologische Vorurteile wie er hegten der Chef der Heeresleitung, sein etwas älterer Kamerad aus dem 3. Garde-Regiment zu Fuß General Kurt v. Hammerstein-Equord, ferner auch der Chef des Heerespersonalamtes Generalleutnant Erich v. dem Bussche-Ippenburg und der letzte preußische Kriegsminister und in den ersten Jahren der Weimarer Republik der Chef der Heeresleitung General Walther Reinhardt.

Zwar gab es in der Reichswehr restaurative antirepublikanische Kräfte, aber der Kapp-Lüttwitz-Putsch zeigte, dass sie in der Reichswehrführung und mehrheitlich in der Reichswehr insgesamt keine ausreichende Unterstützung fanden.[31] Das wird vielfach mit anderer Tendenz dargestellt; doch die Tatsache, dass der Putsch nach wenigen Tagen kampflos in sich zusammenfiel, ist nicht zu bestreiten, und dass der in der ersten Hälfte des 20. Jahrhunderts einzige sozialdemokratische Wehrminister, Gustav Noske, zurücktreten musste, geschah gegen den Willen der Reichswehrführung auf Druck aus der eigenen Partei. Als dann neue spartakistisch-kommunistische Aufstände wieder schwere Kämpfe verursachten und im Westen Deutschlands fast zu einem Bürgerkrieg ausarteten, war es erneut die Reichswehr, die sie niederschlug. 1923 schließlich rettete die Reichswehr durch die Niederschlagung des kommunistischen „Deutschen Oktobers 1923"[32] und des Hitlerputschs vom November die Republik.

Die Namen der Generäle Groener, Reinhardt, v. Hammerstein-Equord, v. dem Bussche-Ippenburg und von Seeckt, was immer man an ihnen und ihren Maßnahmen kritisieren mag, stehen für die Verfassungstreue der

Reichswehr. Als Seeckt nach dem Kapp-Lüttwitz-Putsch Chef der Heeresleitung geworden war, führte er in einem Erlass aus:[33]

Das Offizierkorps der Reichswehr steht in einer Schicksalsstunde. Seine Haltung in der nächsten Zeit wird darüber entscheiden, ob es die Führerschaft im jungen Heer behält oder nicht. Entschieden wird damit zugleich, ob es der Reichswehr gelingt, das Wertvolle aus der Vergangenheit hinüber zu retten in eine tätige Gegenwart zu einer hellen Zukunft. Mit der Reichswehr ist Bestand und Gedeihen des Volkes und Staates unlöslich verknüpft. Als Teil des Volkes und stärkste Stütze des Staates muss die Reichswehr der Entwicklung folgen, die Volk und Staat durchleben.

Und er fügte hinzu:

Es ist nicht zu erwarten, dass ein jeder den Wandel der Zeit in seinem Herzen begrüßt. Durchdrungen muss aber ein jeder von uns von der inneren Überzeugung sein, dass nur, wenn der Soldat treu zu seiner verfassungsmäßigen Pflicht steht, der Weg wieder aufwärts führt.

Schleicher stieg im Reichswehrministerium als Leiter verschiedener Dienststellen, die meistens geradezu für ihn zugeschnitten wurden, bis zum Rang eines Generalleutnants auf. Im Mai 1932 wurde er General der Infanterie und nun selbst Reichswehrminister.

Reichskanzler wurde Heinrich Brüning, an dessen Auswahl Schleicher maßgeblich beteiligt gewesen war. In diese Zeit fielen zahlreiche innen- und außenpolitische Krisen unterschiedlicher Art. Schließlich trat Brüning zurück. Er warf Schleicher vor, gegen ihn intrigiert zu haben, wogegen sich dieser heftig verwahrte.

Daraufhin schlug Schleicher Franz v. Papen vor. Er war der Meinung, ihn leicht lenken zu können. Hindenburg ernannte Papen zum Reichskanzler und wandte ihm seine volle Sympathie zu. Im Reichstag hingegen, der inzwischen nach den Wahlen vom 30. November 1932 von den Nationalsozialisten – über 33% der Stimmen – und den Kommunisten dominiert wurde, hatte er auch über diese Parteien hinweg rund 90% der Abgeordneten gegen sich. Darum strebte er eine Verfassungsänderung an, die den Regierungschef vom Reichstag weitgehend unabhängig machen sollte. Diesem Vorhaben widersprach Schleicher, weil er einen von den Nationalsozialisten und den Kommunisten, die schon einmal gemeinsam einen rechtswidrigen Streik geleitet hatten, ausgelösten Bürgerkrieg befürchtete. Da sich auch das gesamte Kabinett – mit einer Ausnahme – gegen Papen stellte, hielt Hindenburg mit großem Bedauern nicht länger an ihm fest, sondern ernannte am 2. Dezember 1932 Kurt v. Schleicher zum Reichskanzler.

Schleichers Antrittsrede[34] fand in der nichtradikalen Presse überwiegend Zustimmung und stieß auch im Ausland auf Anerkennung. Die „Neue Zürcher Zeitung" nannte sie eine Rede des gesunden Menschenverstandes eines von Überspanntheit freien und aufgeschlossenen Mannes, der einen Ausgleich gegenüberstehender Interessen anstrebe, Abenteuer ablehne und in langsamer Aufbauarbeit Deutschlands „alte Größe" herzustellen hoffe.[35]

Auf Einzelheiten von Schleichers kurzer Regierungszeit kann hier, wo es um den Mord an ihm und um die Zusammenhänge dieses Geschehens geht, nicht näher eingegangen werden. Sein Bestreben aber war die Bildung einer Regierung quer zu den parteipolitischen Fronten – was heute in der Geschichtsschreibung als „Querfront" bezeichnet wird – gestützt auf der einen Seite von den Gewerkschaften und auf der anderen von der Reichswehr, die er trotz der an ihm geübten Kritik hinter sich hatte. Er blieb auch während seiner Kanzlerschaft Reichswehrminister. Das „Querfront"-Konzept stammte aber nicht von Schleicher, sondern von Günther Gereke, der daran seit 1930 arbeitete und als Mitglied der Christlichen Bauern- und Landvolkpartei einen Sitz im Reichstag hatte. Als Reichskanzler ernannte Schleicher Gereke sofort zum Reichskommissar für Arbeitsbeschaffung.[36]

Schleicher ging es auch um eine Spaltung der nationalsozialistischen Bewegung und darum, eine Kanzlerschaft Hitlers zu verhindern. Als ihm das nicht gelang, hätte Schleicher nach einer zu erwartenden Misstrauenserklärung des von den extremen Parteien beherrschten Reichstags nur dann weiterregieren können, wenn er von Hindenburg die Zustimmung zur Verlängerung der in der Verfassung vorgeschriebenen Frist bis zu den Neuwahlen bewilligt bekommen hätte. Hindenburg hatte ihm das unter dem Gesichtspunkt eines Staatsnotstands zunächst auch zugesagt, dann aber seine endgültige Zustimmung von der Zustimmung aller demokratischen Parteien abhängig gemacht.

Die sozialdemokratische Reichstagsfraktion antwortete auf Schleichers Gesprächsangebot gar nicht und veranlasste die Gewerkschaften, sich von den angebahnten Verhandlungen zurückzuziehen. Daraufhin lehnte Hindenburg seine Zustimmung zur Verlängerung der Frist bis zu den

Neuwahlen endgültig ab, und Schleicher trat mit der gesamten Regierung zurück. Hindenburg ernannte nunmehr am 30. Januar 1933 Hitler zum Reichskanzler.

Dieser Regierungsbildung waren von Seiten der Reichswehrführung Versuche vorausgegangen, Hitler zu verhindern oder wenigstens Schleicher als Reichswehrminister im Amt zu behalten, damit er, mit der Reichswehr hinter sich, ein starkes Gegengewicht bilden könnte. Am 27. Januar waren Hammerstein und v. dem Bussche bei Hindenburg vorstellig geworden und hatten vor Hitlers Maßlosigkeit gewarnt. Am 28. Januar schließlich hatte Schleicher selbst Hindenburg davor gewarnt, einen Parteigänger Hitlers zum Reichswehrminister zu bestellen. Er hatte dabei die Hoffnung gehegt, diesen Posten selbst zu behalten.

Am Nachmittag dieses Tages hatten Hammerstein, Bredow und der Oberstleutnant im Reichswehrministerium Ott mit Planck, dem Staatssekretär im Kanzleramt, und Marcks, einem weiteren Offizier aus dem Reichswehrministerium, über die Lage nach dem Rücktritt Schleichers beraten. Sie hatten erwogen, wenn Hindenburg Hitler zum Kanzler bestellen wollte, mit der Potsdamer Garnison einen Militärputsch auszuführen, Hindenburg unter Hausarrest zu stellen und seine Berater zu verhaften. Die Entscheidung sollte Schleicher, dem noch amtierenden Reichskanzler und Reichswehrminister, vorbehalten bleiben. Am Vormittag des folgenden Tages hatten Hammerstein und Bredow dann mit Schleicher und Bussche-Ippenburg die Lage erörtert und waren zu dem Ergebnis gekommen, dass ein Putsch der Reichswehr gegen Hindenburg, den Reichspräsidenten und ihren Oberbefehlshaber, nicht in Frage kommen könne.

Stattdessen hatte Hammerstein am frühen Nachmittag Hitler aufgesucht, um zu erreichen, dass Schleicher Reichswehrminister bleiben könne. Hitler hatte das zugesagt, obwohl bereits entschieden war, dass Blomberg dieses Amt übernehmen sollte. Das Gespräch vom Vortag war irgendwie ruchbar geworden. Dann war Hindenburg hinterbracht worden, Schleicher wolle gegen ihn putschen, und die Garnison in Potsdam stehe schon bereit. Das war der Grund für die vorzeitige Vereidigung Blombergs gewesen. Dies alles muss man sich vor Augen halten, will man verstehen, dass Hitler in der Reichswehr unter Offizieren wie Schleicher eine erhebliche Gefahr für sich sah.

Nun war also mit Werner v. Blomberg ein General an die Spitze des Reichswehrministeriums getreten, der dem Nationalsozialismus aufgeschlossen gegenüberstand. Über ihn schrieb v. dem Bussche-Ippenburg später dem Sohn Kurt v. Hammersteins, Blomberg sei nach dem Tode seiner ersten Ehefrau „nicht mehr auf der Höhe" gewesen und habe vollkommen unter dem Einfluss Reichenaus gestanden.[37] Der spätere Generalfeldmarschall Erich v. Manstein ergänzte das Bild um positive Aspekte. Blomberg sei ein kluger und weit über dem Durchschnitt gebildeter Mann gewesen, fügte allerdings hinzu, er habe „modern" sein wollen, was vielleicht seine Empfänglichkeit für den Nationalsozialismus begünstigt habe. Keiner seiner Kameraden habe wohl vorausgesehen, in welchem Ausmaß er Hitlers Einfluss unterliegen würde. Reichenau sei die stärkere Persönlichkeit gewesen.[38]

Oberst Walter v. Reichenau – anders als Schleicher und die Mehrzahl der bis dahin maßgebenden Offiziere – setzte auf Hitler und die Nationalsozialisten. Er hatte Hitler im April 1932 kennengelernt und mit ihm unter vier Augen ein längeres Gespräch geführt. Wie Vogelsang berichtet,[39] trachtete er frühzeitig danach, „mit Hitler und dessen politischen Auffassungen bekannt zu werden. Hierzu bediente er sich des Wehrkreispfarrers und späteren ‚Reichsbischofs' Müller, der sich schon 1931 zur NSDAP bekannt hatte und gern die Vermittlung übernahm." Vogelsang stellt fest, „dass Hitler das persönliche Interesse des Obersten am Nationalsozialismus, diese ‚moderne' Aufgeschlossenheit eines begabten Außenseiters, sehr wohl erkannt hatte [...]."

Ein Brief Hitlers vom 4. Dezember 1932 an Reichenau ist überliefert und ist von dem Historiker Thilo Vogelsang in vollem Wortlaut veröffentlicht worden. Gegen Ende dieses ausführlichen Schreibens stellt Hitler die Forderung nach einer „inneren geistigen Aufrüstung der Nation" auf, die „nur von einer Weltanschauung gelöst werden" könne, und er schreibt, er halte „das derzeitige Kabinett des Generals v. Schleicher deshalb für besonders unglücklich, weil es, schon durch die Person des Trägers, dieser Frage noch verständnisloser gegenüberstehen muss als jedes andere Kabinett." Nachdem Schleicher gestürzt und Hitler am 30. Januar 1933 an die Macht gekommen war, wurde Ferdinand v. Bredow sofort verabschiedet und als Chef des Ministeramts im Reichswehrministerium durch Walter v. Reichenau ersetzt.

Schon an einem der ersten Februartage 1933 sprach Hitler in den Diensträumen Hammersteins vor Generälen der Reichwehr sowie vor Admiral Raeder und dem Außenminister v. Neurath. Er würdigte die Reichswehr als den Waffenträger der Nation, sprach von Wiedererlangung der Macht, auch von möglicher Eroberung von Lebensraum im Osten. General Beck äußerte später, er habe schon nach dem Ende der Rede nicht mehr gewusst, worüber Hitler gesprochen hatte.[40] Das könnte eine Entschuldigungsbehauptung gewesen sein, aber er und die Mehrzahl der Anwesenden empfanden die mehrere Stunden dauernde Rede wohl wirklich als reichlich wirr und nahmen den ihnen bis dahin fast nur als Propagandaredner bekannten neuen Kanzler nicht ganz ernst.

Viele glaubten immerhin, eine positive Einstellung Hitlers zur Reichswehr herausgehört zu haben, insbesondere den Willen, die Reichswehr zu stärken, sie aus den Fesseln des Versailler Vertrages zu lösen und ihr innerhalb des Volkes, vor allem innerhalb der Politik, wieder mehr Achtung und eine höhere Bedeutung zu verschaffen. So sahen Generäle wie Ludwig Beck und Werner Freiherr v. Fritsch im Nationalsozialismus und namentlich in Hitler eine Chance für die Reichswehr. Diese Ansicht war auch und nicht zuletzt bei vielen jüngeren Offizieren verbreitet. Schon 1930 war einmal in einem Artillerieregiment eine nationalsozialistische Zelle gebildet worden. Drei junge Offiziere waren dann vor dem Reichsgericht wegen „Vorbereitung zum Hochverrat" unter Anklage gestellt und zu eineinhalb Jahren Festungshaft verurteilt worden. Ihr Regimentskommandeur war Ludwig Beck gewesen, und dieser hatte sich vehement für seine drei Offiziere eingesetzt.

Kurt v. Hammerstein-Equord blieb zunächst noch Chef der Heeresleitung. Dass er nicht sofort zurücktrat, ist auf Schleicher zurückzuführen. Dieser hatte ihn gebeten, zu bleiben, um dem nationalsozialistischen Einfluss auf die Reichswehr entgegenzuwirken. Aber Hammerstein war kein Politiker und daher auch kein politischer Kämpfer. Er gab bald auf und suchte Ende 1933 um seinen Abschied nach. Mit Wirkung vom 1. Februar 1934 wurde er als Generaloberst aus dem aktiven Dienst entlassen. Nun wollte Blomberg im Einvernehmen mit Hitler den Oberst Walter v. Reichenau zum Chef der Heeresleitung machen. Diesem Vorhaben widersetzte sich Hindenburg aber ganz entschieden, zumal Reichenau im Rang noch weit unter etlichen Generälen stand.

Hindenburg legte Wert darauf, in Angelegenheiten der Armee das Heft in der Hand zu behalten. So hatten SA-Führer zwar Anstoß daran genommen, dass Reichswehroffiziere Mitglieder des Johanniterordens waren und das Johanniterkreuz trugen.[41] Blomberg hatte Hindenburg den Entwurf einer Verordnung vorgelegt, wonach Reichswehroffizieren das Tragen des Johanniterkreuzes untersagt werden sollte. Hindenburg hatte dieses Ansinnen jedoch empört abgelehnt und Blomberg vorgehalten: „Sie werden doch wohl nicht auch mir das Tragen des Johanniterkreuzes verbieten wollen!"

Chef der Heeresleitung wurde nunmehr Generaloberst Werner Freiherr v. Fritsch. Walter v. Reichenau wurde im Rahmen einer Neugliederung des Ministeriums Chef des neu geschaffenen Wehrmachtamtes und wurde zum Generalmajor befördert. Beck wurde zunächst Chef des Truppenamtes im Reichswehrministerium (was auch Schleicher einmal gewesen war) und später Generalstabschef des Heeres.

Die neue Reichswehrführung sah natürlich die Gefahr, die ihr von der SA her drohte. Hitlers Haltung war schwer zu durchschauen. Hatte er im Februar 1933 der Reichswehr als dem Waffenträger der Nation geschmeichelt, so sandte er zum Jahreswechsel Röhm ein Telegramm, in dem er dessen Verdienste herausstellte und dann fortfuhr: „Am Abschluss des Jahres der nationalsozialistischen Revolution drängt es mich daher, Dir, mein lieber Ernst Röhm, für die unvergänglichen Dienste zu danken, die Du der nationalsozialistischen Bewegung und dem deutschen Volke geleistet hast, und Dir zu versichern, wie sehr ich dem Schicksal dankbar bin, solche Männer wie Du als meine Freunde bezeichnen zu dürfen." Am 1. Dezember 1933 war Röhm ohne einen festgelegten Geschäftsbereich Reichsminister und damit Angehöriger der Regierung geworden.

In der Reichswehr war nun der nationalsozialistische Einfluss im Vordringen. Außerdem drohte von Röhm und der SA her Gefahr für ihren Bestand.

Die konservative Opposition

Opposition regte sich inzwischen auf der „rechten“ Seite des politischen Spektrums. Unter den Deutschnationalen und anderen Nationalkonservativen hatte es, wenngleich in der Minderheit, entschiedene Gegner Hitlers und der Regierungsbildung mit ihm gegeben, und unter der Mehrheit, die diese unterstützt hatte, hatten viele sich das Ergebnis anders vorgestellt. Einer der Mitgründer der neuen Regierung, der Vorsitzende der Deutschnationalen Volkspartei Alfred Hugenberg, trat schon im Juni 1933 von allen Regierungs- und Parteiämtern zurück, und die Deutschnationale Volkspartei wurde aufgelöst.

Während der erste Stahlhelmführer Franz Seldte als Reichsarbeitsminister in die Regierung eingetreten war, hatte sich der zweite, Theodor Duesterberg, verweigert. Ein regionales Vorkommnis zeigte den Zwiespalt auf: In Braunschweig hatten sich Stahlhelmführer und ehemalige Führer des natürlich auch verbotenen und verfolgten „Reichsbanners Schwarz-Rot-Gold“ abgesprochen, dass ehemalige Reichsbannermitglieder – übrigens entgegen der Stahlhelmsatzung ausdrücklich auch Mitglieder des jüdischen Frontkämpferbundes – dem Stahlhelm beitreten könnten. Hauptsächlich war es darum gegangen, sie dadurch vor Verfolgung zu schützen. Als über Tausend davon Gebrauch machen wollten, griffen SA, SS und Polizei zu und verhafteten mehr als 1000 Personen mit der Begründung, es habe ein „Stahlhelmputsch“ verhindert werden müssen.

Der Botschafter Frankreichs in Berlin, André François-Poncet, berichtete über die Entwicklung: „Die Deutschnationalen scharen sich um den Stahlhelm und zahlreiche Vereinigungen, die sich ihm eingliedern [...]. Zwischen dem Stahlhelm und den braunen Milizen waren die Beziehungen nie sehr innig gewesen. Sie verschlechtern sich nun von Tag zu Tag. Der Stahlhelm missbilligt das brutale Vorgehen und die ungesetzlichen Handlungen der SA; er verurteilt die antisemitische Bewegung. So wird er die Zuflucht für viele Unzufriedene, und seine schwarz-weiß-rote Fahne wird zu einem Wahrzeichen der Opposition.“[42]

In einem Lexikon aus der nationalsozialistischen Zeit liest sich das so: „Teils durch reaktionäre Einflüsse, teils durch übereilte Aufnahme getarnter Gegner des Nationalsozialismus geriet der Stahlhelm in eine schiefe politische Stellung."[43] Es kam zum Bruch zwischen Seldte und Duesterberg. Duesterberg trat zurück. Seldte überführte den Stahlhelm als „Nationalsozialistischen Deutscher Frontkämpferbund" in die SA. Später, 1935, wurde der Stahlhelm endgültig aufgelöst.

In der Kanzlei des Vizekanzlers Franz v. Papen hatte sich eine kleine Zelle von oppositionellen jungen Konservativen gebildet und organisiert. Papen war zunächst noch Reichskommissar für Preußen gewesen und hatte die Dienststelle des Preußischen Ministerpräsidenten zur Verfügung gehabt. Als Hitler dann Göring zum Preußischen Ministerpräsidenten gemacht hatte, verfügte Papen über gar keine Dienststelle mehr; denn für den Vizekanzler gab es eine solche überhaupt nicht. Fritz Günther v. Tschirschky, der mit vielen einflussreichen Prominenten persönlich bekannt war, schaffte es aber, unauffällig eine solche zustandezubringen, und berichtet darüber im einzelnen unter der Überschrift „Amtssitz der Opposition."[44]

Hier arbeitete dann eine Gruppe sogenannter „Jungkonservativer", die – ganz im Gegensatz zu Röhm – die „nationalsozialistische Revolution" in eine „konservative Revolution" umwandeln wollten. Sie fanden dafür Sympathie nicht nur bei Vizekanzler v. Papen, sondern auch bei dem Reichspräsidenten von Hindenburg und dessen Umgebung. Tschirschky selbst nannte sich „Adjutant des Stellvertreters des Reichskanzlers", worunter man sich vorstellen konnte, was man wollte, aber nichts Konkretes. Von der Gruppe war auch einmal mit Erfolg eine Rede Papens in Breslau angeregt und organisiert worden.

Zu den Beratern und den Redenschreibern Papens gehörte der Rechtsanwalt und Publizist Edgar Jung. Dieser entwarf eine Rede, die Papen dann am 17. Juni 1934 in der Marburger Universität hielt. Es heißt, Papen habe das Manuskript erst auf dem Wege nach Marburg gelesen und die Rede so gar nicht halten wollen. Doch habe man ihm gesagt, sie sei nun schon so verteilt worden. Das könnte eine Verteidigungsbehauptung Papens gewesen sein. Nach Darstellung Tschirschkys war Papen die Rede in seinem Berliner Büro vorgelegt und von ihm genehmigt worden. Auf der Fahrt habe er einige Veränderungen vornehmen wollen, und in diesem Zusammenhang habe man ihm dann gesagt, das sei nicht mehr möglich. Wie dem auch sei – Franz v. Papen hielt diese Rede. Seine Kritik an der damaligen Entwicklung war massiv. Er leitete sie ein, indem er Bezug nahm auf Hitler und Hindenburg:

Der unbekannte Soldat des Weltkrieges, der mit hinreißender Energie und mit unerschütterlichem Glauben sich die Herzen seiner Volksgenossen eroberte, hat diese Seele frei gemacht. Mit seinem Feldmarschall hat er sich an die Spitze der Nation gestellt, um in dem deutschen Schicksalsbuch eine neue Seite aufzuschlagen und die geistige Einheit wiederherzustellen. Diese Einheit des Geistes haben wir in dem Rausch von tausend Kundgebungen, Fahnen und Festen einer sich wiederfindenden Nation erlebt. Nun aber, da die Begeisterung verflacht, die zähe Arbeit an diesem Prozess ihr Recht fordert, zeigt es sich, dass der Läuterungsprozess von solch historischem Ausmaße auch Schlacken erzeugt, von denen er sich reinigen muss.

Was dann kam, waren, eingekleidet in Bekenntnisse zum Nationalsozialismus und zum „Führer", für das damalige Empfinden geradezu Donnerschläge.

Verblümt wurde ein gewisses Maß an Pressefreiheit gefordert. Der Staat, so sagte Papen weiter, könne eine Geschichtsauffassung begünstigen, aber nicht kommandieren. Die Vorherrschaft einer einzigen Partei sei ein Übergangszustand, der nur so lange Berechtigung habe, bis die neue personelle Auslese in Funktion trete. Das völkische Erwachen mache die Bahn frei für übervölkische Zusammenarbeit.

Weiter führte er aus, er habe Verständnis dafür, dass eine auf Gewissensfreiheit aufgebaute religiöse Überzeugung es ablehne, sich von der Politik her im Ureigensten kommandieren zu lassen. Wenn man sich manchmal über 150%ige Nationalsozialisten beklage, so über solche, die Wissenschaftlern von Weltruf ihre Existenz bestritten, weil sie kein Parteibuch besitzen. „Hüten wir uns vor der Gefahr, die geistigen Menschen von der Nation auszuschließen."

Das war bei weitem noch nicht alles und vielleicht nicht einmal das damals am schwersten Wiegende. Den Schluss leitete Papen ein mit einer massiven Wendung gegen die Bestrebungen Röhms und der SA:

Ich habe deshalb die Probleme der deutschen Revolution und meine Stellung dazu so scharf umrissen, weil das Gerede von der zweiten Welle, welche die Revolution vollenden werde, kein Ende nehmen will. Wer verantwortungslos mit solchen Gedanken spielt, der soll sich nicht verhehlen, dass einer zweiten Welle leicht eine dritte folgen kann, dass, wer mit der Guillotine droht, am ehesten unter das Fallbeil gerät.

Ferner sagte er:

Nicht durch Aufreizung, insbesondere der Jugend, nicht durch Drohungen gegenüber hilflosen Volksteilen, sondern nur durch eine vertrauensvolle Aussprache mit dem Volke kann die Zuversicht und die Einsatzfreude gehoben werden. Das Volk weiß, dass ihm schwere Opfer zugemutet werden. Es wird sie ertragen und dem Führer in unerschütterlicher Treue folgen, wenn man es mit Raten und Taten lässt, wenn nicht gleich jedes Wort der Kritik als Böswilligkeit ausgelegt wird und wenn verzweifelnde Patrioten nicht zu Staatsfeinden gestempelt werden.

Man hatte Papen, der wie kein zweiter die Regierungsbildung mit Hitler als Kanzler betrieben hatte, eine solche Rede gar nicht zugetraut. Vielleicht hatte er aber gerade deshalb geglaubt, sie sich leisten zu können. Vielleicht stimmt es ja auch, dass er das, was in seinem Redemanuskript stand, eigentlich gar nicht so deutlich hatte sagen wollen. Aber er hatte es nun einmal gesagt. Goebbels verbot sofort die Veröffentlichung der Rede. Doch ihr Inhalt verbreitete sich schnell. Schon in der Universität hatte sie Begeisterung ausgelöst. Nun fand sie weitgehende Zustimmung im Lande. Es sollte für lange Zeit das letzte Mal sein, dass solche Worte öffentlich gesagt wurden. Für Papen hätte es eine Ehrenrettung sein können. Doch im Urteil der Nachwelt über Papen tritt es zurück angesichts der Tatsache, dass er nach dem Ungeheuerlichen, das zwei Wochen später auch unmittelbar um ihn herum geschah, der Regierung Hitler weiter diente.

Franz v. Papen hatte immer schon dazu geneigt, Politik etwas nassforsch zu betreiben. Der Ausdruck „Herrenreiterpolitik“ ist zwar abgegriffen, aber er drängt sich im Falle Papens auf. So wandte sich Papen am 19. oder am 20. Juni an Hitler, um ihn zu veranlassen, das Verbot der Verbreitung seiner Rede aufzuheben, natürlich ohne Erfolg. Wahrscheinlich war er sich des Rückhalts beim Reichspräsidenten allzu sicher gewesen. Solchen Rückhalt im entscheidenden Augenblick hatten allerdings vor ihm schon Brüning und Schleicher vermissen müssen. Jedoch hatte keiner von ihnen so deutlich in der Gunst des Reichspräsidenten gestanden wie Papen. Doch nun war Hindenburg erkrankt, und mit dieser Erkrankung waren die letzten Wochen im Leben des Sechsundachtzigjährigen angebrochen. Er war wohl noch Herr seiner geistigen Kräfte, wurde aber weitgehend abgeschirmt und geriet so noch mehr unter den Einfluss Hitlers, als das inzwischen ohnehin geschehen war. So verloren die Konservativen ihren letzten wirksamen Rückhalt.

Stark war dieser Rückhalt zuletzt schon nicht mehr gewesen. Aber eine gewisse Rücksichtnahme auf Hindenburg hatte für Hitler immer noch geboten erachtet. Vor allem war der Generalfeldmarschall v. Hindenburg als Reichspräsident auch Oberbefehlshaber der Reichswehr. Einen Konflikt mit ihm hatte Hitler unbedingt vermeiden wollen und hätte ihn wohl auch trotz der bereits erlangten Machtfülle kaum riskieren können. Nun stand die Frage, was nach Hindenburgs Ableben geschehen solle, unmittelbar vor der Entscheidung. Die Konservativen, auch Hindenburg selbst, strebten die Wiederherstellung der Monarchie an.

In Hamburg war Papen nach seiner Marburger Rede beim Derby mit demonstrativen Ovationen begrüßt worden. Goebels, der auf der Tribüne saß, hatte das mit verhaltener Wut miterleben müssen. Aber am 26. Juni sprach Göring in Hamburg und drohte, an den, wie er sagte, „reaktionären Interessenklüngel" gerichtet, in aller Deutlichkeit: „Sollte eines Tages das Maß übervoll sein, dann schlage ich zu! Wir haben gearbeitet, wie noch nie gearbeitet worden ist, weil hinter uns ein Volk steht, das auf uns vertraut. [...] Wer gegen dieses Vertrauen sündigt, hat sich um seinen Kopf gebracht!"

Mitarbeiter Papens bemühten sich, den erkrankten Reichspräsidenten aufzusuchen und ihn zur Verhängung des Ausnahmezustandes – mit Übertragung der vollziehenden Gewalt auf die Armee – zu veranlassen. Aber der Sohn Oskar v. Hindenburg verhinderte das.[45]

Hitler selbst, „der Führer", wollte natürlich weder einen Kaiser, noch einen Reichspräsidenten über sich haben, und er wollte nun auch den Oberbefehl über die Streitkräfte erlangen. Das aber ging nicht ohne Zustimmung der Reichswehrführung. Zu Hermann Rauschning, dem Senatspräsidenten der Freien Stadt Danzig, der Hitler vor und nach der Machtübernahme mehrfach aufgesucht und seine Gespräche mit ihm aufgezeichnet hat, soll er in jenen Tagen gesagt haben: „Fünf Minuten vor dem Tode des alten Herren machen diese Verbrecher mir diese Schwierigkeiten, wo alles darauf ankommt, wer die Nachfolge des Reichspräsidenten antritt. Ich oder einer von der reaktionären Sippe. Einzig und allein um dieser Dummheit willen verdienten diese Leute schon erschossen zu werden."

Zuspitzung und Gewaltausbruch

Schon vor der Rede Papens hatten die sich zuspitzenden Konflikte zu vorbereitenden teils geheimen, teils erkennbaren Aktivitäten geführt. Im April hielt die Kriegsmarine Manöver ab. Hitler und Blomberg nahmen unter Geheimhaltung auf dem Panzerschiff „Deutschland" daran teil. Das Schiff lag in einem norwegischen Fjord. Durch heimlich aufgenommene Fotos und durch Aussagen eines Norwegers ist später belegt worden, dass Hitler und Blomberg an Bord waren und lange und eingehend miteinander gesprochen haben. Niemand hat je erfahren, worum es bei diesem Gespräch gegangen war. Aber mit großer Wahrscheinlichkeit kann angenommen werden, dass es um die Frage ging, wie die Führung des Reiches – Staatsoberhaupt und Oberbefehl über die Streitkräfte – im Falle des Todes des Reichspräsidenten geregelt werden solle, und dass man sich darauf verständigte, die SA auszuschalten.

Dabei mag die Bedrohung, die von dem von Röhm organisierten und geführten Millionenheer der SA für die Reichswehr mit ihren nur hunderttausend Mann ausging, Hitler sogar zustattengekommen sein. In dieser Lage sahen die Reichswehrführer eben in der Person von Hitler die beste Gewähr für die Reichswehr als den unangefochtenen alleinigen Waffenträger der Nation – vorausgesetzt, die SA wurde radikal entmachtet. Andererseits war klar beziehungsweise wurde es, soweit das überhaupt noch erforderlich war, Hitler klargemacht, dass die Reichswehr nur unter dieser Voraussetzung einer Vereinigung der beiden höchsten Staatsämter sowie des Oberbefehls über die Streitkräfte zustimmen würde. Wie weit sich dabei schon Einzelheiten des einzuschlagenden Vorgehens abzeichneten, muss dahingestellt bleiben. Aber dass die SA in irgendeiner Weise als politisch-militärischer Faktor beseitigt werden sollte und die Reichwehr dann der Übertragung der uneingeschränkten Macht auf Hitler zustimmen werde, war nun wohl beschlossene Sache.

Ebenfalls im April ernannte Göring Himmler zum Inspekteur der preußischen Gestapo. Während Himmlers SS immer noch eine Unterorganisation der SA, Himmler also offiziell noch Röhm unterstellt war, wurde ihm nun von Göring eine davon unabhängige Position verschafft und wurde er somit indirekt in die auf die Vernichtung der Macht Röhms gerichteten Bestrebungen

Görings eingebunden. Man muss sich dabei vor Augen halten, dass Preußen allein größer war als alle anderen Länder des Deutschen Reiches zusammen. Die Leitung der preußischen Gestapo war also eine gewaltige Machtposition, und sie wurde für Himmler zur Ausgangsposition für die Erlangung einer Macht, wie sie sich zweifellos Göring selbst nicht vorgestellt hatte.

Die Organisation und weitgehend auch die Ausübung dieser Macht übertrug Himmler Reinhard Heydrich. Heydrich war Himmler intellektuell überlegen. Intern gab es die Formel „HHhH" = „Himmlers Hirn heißt Heydrich". Heydrich war auch musisch interessiert und begabt. Er war zwar – um auf ein Shakespeare-Wort anzuspielen – gewillt, ein Bösewicht zu werden, war jedoch wenig beeindruckt von Himmlers verstiegenen Ideen, aber stets bereit, jegliche konkreten Maßnahmen möglichst in Perfektion durchzuführen. Menschen waren ihm dabei wohl nur Material für vollkommen amoralische Machtspiele.

Heydrichs Partner bei der Planung und der Organisation dessen, was in den nächsten Monaten geschehen sollte, wurde Generalmajor Walter v. Reichenau. So spannte sich ein Netz von Reichswehr, SS und Gestapo, dazu mit Rudolf Hess auch der Partei, über Röhm und die SA. Röhm und die SA hatten sich mit ihrem häufig brutalen Auftreten in der Bevölkerung auch vielfach unbeliebt gemacht, und die Parolen von einer weitergehenden Revolution hatten Schrecken erzeugt. Reichenau war von kühler Intelligenz und bei der Verfolgung der von ihm für richtig gehaltenen Ziele von keinerlei Skrupeln belastet. Die Zukunft der Reichswehr sah er in Hitler und dem Nationalsozialismus, und er war bereit, dafür im wörtlichen Sinne über Leichen zu gehen.

Es sind viele Untersuchungen darüber angestellt und viele Abhandlungen darüber geschrieben worden, ob Röhm tatsächlich einen Putsch geplant habe – wohl kaum gegen Hitler –, ob oder wie lange Hitler hinsichtlich des konkreten Vorgehens geschwankt habe, ob er schließlich an einen unmittelbar bevorstehenden SA-Putsch geglaubt habe, vielleicht von Göring und Himmler erst in diesen Glauben versetzt worden sei. Dem kann und braucht hier, wo es vorrangig um Schleicher und die Reichswehr geht, nichts weiter hinzugefügt zu werden. Soweit Auffälligkeiten zu vermerken sind, mögen sie für sich stehen. Zu den Auffälligkeiten gehörte jedenfalls, dass Röhm im Frühjahr 1934 die SA aus vielerlei Anlässen aufmarschieren ließ und im Ausland Gewehre, auch leichte und schwere Maschinengewehre einkaufte.[46]

Erich v. Manstein schildert, wie es für die Truppen aussah. Er war damals Chef des Stabes des Berliner Wehrkreiskommandos. Er berichtet, General v. Witzleben und er hätten Ende Juni 1934 wegen der sich zuspitzenden Spannungen in Berlin Schießübungen an der Ostsee abgebrochen. Ein dem Wehrkreiskommando in der Kurfürstenstraße gegenüberliegendes Haus sei von der SA übernommen und bei Nacht seien Maschinengewehre dorthin gebracht worden. Die Truppen hätten Anweisung erhalten, sich gegen Überraschungsangriffe in ihren Kasernen zu sichern. Man müsse jeden Tag mit einem Putsch der SA rechnen. Es habe Warnungen gegeben, die SA plane einen Gewaltstreich.[47] Das könnte von der Reichswehrführung selbst gestreut worden sein, um den Gegenschlag vorzubereiten. Aber der Bericht über die Sache mit dem Haus gegenüber dem Wehrkreiskommando und dem Hineinbringen von Maschinengewehren beruht immerhin auf eigenen Beobachtungen v. Mansteins.

Am 22. Juni bestellte Hitler Victor Lutze zu sich und teilte ihm, wie aus der Beschreibung der Vorgeschichte des 30. Juni in Lutzes „Tagebuch“ hervorgeht, mit, dass er Röhm absetzen wolle. Lutze solle sich bereithalten. Am 27./28. Juni trafen sich Hitler und Lutze in Essen wieder, und zwar mit Göring und anderen aus Anlass der Hochzeit des Gauleiters Terboven. Während des nach der Trauung stattfindenden Essens wurden Hitler und Göring wiederholt durch Anrufe aus Berlin, insbesondere von der Gestapo, ans Telefon gerufen. „Ich bekam ein Gefühl,“ schreibt Victor Lutze, „als wenn bestimmte Kreise ein Interesse daran hatten, grad jetzt, wo der Führer von Berlin abwesend war und nicht selbst alles schriftlich, sondern nur telefonisch sehen bzw. hören konnte, die Sache zu verschärfen und voran zu treiben.“

Schließlich habe Hitler gesagt: „Ich habe genug. Ich werde ein Exempel statuieren.“ Röhm hielt sich zur Kur in Bad Wiessee auf. Hitler rief ihn nun an und ersuchte ihn, am 30. Juni alle höheren SA-Führer dort zu einer Aussprache zu versammeln. Nach Äußerungen von zu dieser Zeit bereits dort Anwesenden muss Röhm das Telefongespräch als zufriedenstellend empfunden haben. Er mag geglaubt haben, nun solle endlich ernsthaft über den Weg gesprochen werden, wie die SA zu einer Volksarmee gemacht werden könne.

Am 29. Juni hielten sich Hitler, Lutze und auch Goebbels in Bad Godesberg auf. Auch dort wurde Hitler mehrmals ans Telefon gerufen. Nach dem Abendessen fand ein Großer Zapfenstreich mit Rheinbeleuchtung statt. In der Nacht zum 30. Juni flog Hitler dann mit Lutze (und wohl auch mit Goebbels) nach München. Es graute schon der Morgen. Lutze notiert: „Morgenrot, Morgenrot [...]" – in Anlehnung an das alte Soldatenlied „Morgenrot, Morgenrot, leuchtet mir zum frühen Tod". Ob er da schon wusste oder ahnte, dass die SA-Führer umgebracht werden sollten, ist nicht klar. Er empfand wohl eine Atmosphäre von Todesnähe um sich herum und dachte auch an die Möglichkeit, dass Röhm-Anhänger Hitler erwarten und auf ihn schießen könnten.[48]

Göring und Himmler hatten inzwischen die Berliner Verbände in Alarmbereitschaft versetzt. Die Reichswehr hatte Angehörige der SS-Leibstandarte „Adolf Hitler" nach München transportiert. In München stand auf dem Flugplatz der Major Vincenz Müller zum Empfang von Hitler bereit. Wie er berichtet, erklärte ihm Hitler, das, was sich in den nächsten Stunden abspielen werde, sei Sache der Partei. „Die Truppenteile haben in den Kasernen zu bleiben. Die Truppe hat mit der ganzen Sache nichts zu tun. Wir waschen unsere dreckige Wäsche allein. Eine Gemeinheit ist es nur, dass die Generäle v. Schleicher und v. Bredow dabei sind."[49]

Hitler fuhr dann nach Bad Wiessee weiter, wo sich die höheren SA-Führer zu der vermeintlich vorgesehenen Aussprache eingefunden hatten und noch schliefen. Zu seinem Duz-Freund Röhm sprach er mit gezogener Pistole: „Röhm, Du bist verhaftet!" Röhm grüßte ihn konsterniert: „Heil, mein Führer!" Auf dem Rückweg begegnete der Wagenkolonne etwa bei Tegernsee eine aus München kommende Wagenkolonne mit SA-Führern, die auf dem Weg zu der vermeintlichen Tagung in Bad Wiessee waren. Ihnen, darunter dem SA-Brigadeführer Max Jüttner,[50] erklärte Hitler, dass er Röhm habe verhaften lassen. Röhm habe mit Schleicher einen Putsch gegen ihn vorgehabt. Alle beteiligten SA-Führer würden erschossen.

Zu diesem Zeitpunkt waren die Aktionen in Berlin noch nicht angelaufen. Es zeigt sich aber, dass für Hitler von vornherein Schleicher eines ihrer wichtigsten Ziele sein sollte. Auch in einem späteren Gespräch mit Jüttner trat das noch einmal hervor.

Röhm und sechs weitere Gefangene wurden in das Gefängnis Stadelheim gebracht. Kurz vor Mittag ließ Hitler nach Berlin an Göring das vereinbarte Stichwort „Kolibri“ durchgeben. Daraufhin begann in Berlin und anderswo in Deutschland das große Morden. Handelte es sich bei der Mehrzahl der Opfer um SA-Führer, so waren unter den Opfern jedoch auch mehrere Dutzend konservative, kirchliche, insbesondere katholische und andere missliebige Personen. Waren es in Berlin, in der Spitze, in erster Linie Göring und Himmler, die politische Gegner beseitigen und alte Rechnungen begleichen ließen, so taten dies anderswo auch andere SS- und Parteiführer.

Unter den Ermordeten waren Edgar Jung, der Verfasser der Papen-Rede, und Herbert v. Bose, Pressereferent Franz v. Papens. Fritz Günther v. Tschirschky wurde ebenfalls verhaftet. Ein weiterer Mitarbeiter Papens konnte entfliehen, ein anderer wurde verschont, weil er für einen Besucher gehalten wurde. In Berlin wurden die Verhafteten, wenn nicht sogleich an Ort und Stelle, dann auf dem Hof der Lichtenfelder Kaserne erschossen. Papen selbst, der Vizekanzler und maßgebliche Mitgründer der Regierung Hitler, wurde für drei Tage unter Hausarrest gesetzt. Dem Massaker entging er deshalb, weil Göring Rücksicht auf das besondere Vertrauensverhältnis zwischen Papen und Hindenburg nehmen wollte.

Die in München und in Bad Wiessee Verhafteten waren nicht sogleich umgebracht worden. Erst am Nachmittag ordnete Hitler die Erschießung von sechs Verhafteten an. Ernst Röhm war nicht unter ihnen. Röhm hatte im November 1923 schon an Hitlers „Marsch zur Feldherrenhalle“ in München teilgenommen, bei dem 16 Teilnehmer erschossen worden waren. Danach hatte er zusammen mit Hitler zu den Angeklagten gehört. Unterschwellig gab es von beiden Seiten her wohl doch noch eine gewisse emotionale Bindung. Er lebte auch noch, als Hitler in der Nacht wieder in Berlin eintraf. Das Morden war Hitler außer Kontrolle geraten, und er gebot Einhalt, aber nicht ausnahmslos. Am 1. Juli ordnete er schließlich doch die Erschießung Ernst Röhms an. Ferner erfolgten an diesem Tage und am 2. Juli noch weitere Exekutionen. Es gibt eine Liste von 82 Umgebrachten, Schätzungen sprechen jedoch von weit über 100. Noch an diesem 30. Juni wurde Lutze von Hitler zum neuen Stabschef der SA ernannt. Aber er klagte mit äußerster Verbitterung:

Diese SA hatte ja nicht den Röhm geholt, ihn nicht gehalten, nein, war sogar gegen ihn, nachdem seine geschlechtliche Verirrung und sein entspr. Handeln bekannt geworden war, lehnte ihn ab. Oft genug hatten sie 1932 gegen ihn gesprochen, die Führer wollten ihm keine Hand mehr geben, wollten ihm nicht mehr folgen, bis dann der Führer entschied, er ist und bleibt Stabschef. Da hat die SA wieder in alter Disziplin und Treue die Hacken zusammen genommen und ist weiter marschiert.

Über die Morde an SA-Leuten schreibt Lutze:

Sie wurden aus ihren Häusern von der Seite ihrer Familie weg verhaftet und erschossen, ohne sich verteidigen zu können, ohne jedes Verfahren. [...] Und die Art? Irgendwo fand man einen mit Genickschuss im Walde, einen anderen an Händen und Füßen gefesselt in einem Teich. [...] Wenn solche Methoden möglich werden in Deutschland, dann gibt das ein bitteres Ende.

Gegen wen sollten diese Anklagen gerichtet sein? Offenbar nicht gegen Hitler, mit Sicherheit aber gegen Himmler, gegen den Lutze auch in dem gesamten weiteren Text seines „Tagebuchs" immer wieder schreibt. Es verbitterte ihn auch, dass die SS aus der SA ausgegliedert und nun eine selbständige Organisation wurde. Auch die Motor-SA wurde ausgegliedert und wurde das von der SA unabhängige Nationalsozialistische Kraftfahrkorps (NSKK). Eigentlich hatte Lutze als Stabschef der SA, wie sein Vorgänger Röhm, auch als Reichsminister ohne Geschäftsbereich dem Kabinett angehören sollen. Doch das unterblieb dann. Hitler wollte ihn stattdessen zum Staatsekretär machen. Aber das lehnte Lutze ab.

Um nach der Mordaktion jegliche Aufklärungsversuche durch Polizei und Justiz zu unterbinden, wurde am 3. Juli 1934 im Reichsgesetzblatt ein „Gesetz" verkündet, das nur einen einzigen Artikel enthielt: „Die zur Niederschlagung hoch- und landesverräterischer Angriffe am 30. Juni und 1. und 2. Juli 1934 vollzogenen Maßnahmen sind als Staatsnotwehr rechtens."

Was aber hatten nun eigentlich die pensionierten Generäle v. Schleicher und v. Bredow mit alledem zu tun?

Kabinett Franz von Papen vom 1. Juni 1932: stehend v.l.n.r.: Franz Gürtner (Justiz), Hermann Warmbold (Wirtschaft), General von Schleicher (Reichswehr), sitzend v.l.n.r.: Magnus von Braun (Ernährung und Landwirtschaft sowie Ostkommissar), Wilhelm Freiherr von Gayl (Inneres), Franz von Papen (Reichskanzler), Konstantin Freiherr von Neurath (Äußeres)

Reichswehrminister Kurt von Schleicher 1932

Reichskanzler Kurt von Schleicher während seiner Antrittsrede im Rundfunk Anfang Dezember 1932

Kabinett Adolf Hitler vom 30.1.1933 v.l.n.r.: Hermann Göring (Reichskommissar für Luftfahrt und das preußische Innenministerium), Adolf Hitler (Reichskanzler), Franz von Papen (Vizekanzler), stehend v.l.n.r.: Franz Seldte (Arbeitsminister), Günther Gereke (Reichskommissar für Arbeitsbeschaffung und Ostsiedlungskommissar), Lutz Graf Schwerin von Krosigk (Reichsfinanzminister), Wilhelm Frick (Reichsinnenminister), Werner von Blomberg (Reichswehrminister), Alfred Hugenberg (Wirtschafts- und Ernährungsminister)

Die Generäle v.l.n.r.: Gerd von Rundstedt, Werner von Fritsch und Reichswehrminister Werner von Blomberg, 1934

Erklärungen und Hintergründe

Hitlers Erklärungen

Es dauerte fast zwei Wochen, bis Hitler an die deutsche Öffentlichkeit trat. Am 13. Juli 1934 hielt er vor dem Reichstag eine große Rede zur Rechtfertigung der Aktionen. Wie meist, so verwandte er auch jetzt die gesamte erste Hälfte der mehrstündigen Rede darauf, darzulegen, wie chaotisch und trostlos der Zustand Deutschlands in der Weimarer Republik im Innern und nach außen unter lauter verbrecherischen oder unfähigen Politkern von den Kommunisten bis zu den Deutschnationalen gewesen sei, welche Leistungen er selbst und die neue nationalsozialistische Führung seit ihrer Machtübernahme vollbracht hätten und was sich seitdem alles zum Guten entwickelt habe. Dabei hob er auch die Leistungen der SA, besonders die des „treuen kleinen SA-Mannes“ hervor. Dann kam er auf „destruktive Elemente“ zu sprechen, darunter Revolutionäre, „die der Revolution als Revolution huldigen und in ihr einen Dauerzustand sehen möchten.“

Das Schlimmste sei gewesen, dass sich unter dem Stabschef Röhm „allmählich aus einer bestimmten Veranlagung heraus – gemeint war die Homosexualität – in der SA eine Sekte zu bilden begann, die den Kern einer Verschwörung nicht nur gegen die normalen Auffassungen eines gesunden Volkes, sondern auch gegen die staatliche Sicherheit abgab.“

Dann kam er auf zahlreiche Einzelfälle zu sprechen und richtete immer wieder heftige Vorwürfe gegen Röhm, auch gegen andere höhere SA-Führer. „Ich habe den Befehl gegeben,“ brüllte er, „die Geschwüre unserer inneren Brunnenvergiftung auszubrennen bis auf das rohe Fleisch.“ Ein solch abscheulicher und stilistisch total verunglückter Satz kann nur aus unkontrollierter Raserei entstanden sein. Von einem beabsichtigten Putsch gegen ihn scheint er zuletzt überzeugt gewesen zu sein.

Weiter behauptete er, dass von den „Meuterern und Verrätern“ in der Nacht zum 30. Juni „Schlag fünf Uhr die Aktion überfallartig mit der Besetzung der Regierungsgebäude ihren Anfang nehmen sollte. Gruppenführer Ernst war zu diesem Zweck auch nicht mehr nach Wiessee gereist, sondern zur persönlichen Führung der Angelegenheit in Berlin zurückgeblieben." In Wahrheit war Ernst gerade dabei gewesen, eine Hochzeitsreise anzutreten, war in Bremerhaven vor dem Ablegen des Schiffs verhaftet, nach Berlin verbracht und auf dem Hof der Kaserne in Lichterfelde erschossen worden. Er hatte sogar geglaubt – kennzeichnend für den Umgang der obersten SA-Führer miteinander –, es handele sich um einen groben Ulk seiner Kameraden.

Hatte Hitler unverschämt gelogen, oder hatte man ihm etwas vorgespiegelt? Es waren ja nicht Wenige, die den wahren Sachverhalt um Ernst kannten, und für sie alle war die Unwahrheit von Hitlers Darstellung unabweisbar. Sollte sich Hitler wissentlich in die Gefahr gebracht haben, sich in einem so wichtigen Punkt so eindeutig unglaubwürdig zu machen? Das wäre nicht zwingend notwendig gewesen, und es ist auch nicht anzunehmen. Nein, dies ist nicht das einzige, aber ein besonders markantes Beispiel dafür, dass Hitler die „Affäre Röhm" nicht voll beherrscht hatte, dass er nicht nur andere und das Volk getäuscht hat, sondern dass er in mehrfacher Hinsicht selbst getäuscht und getrieben worden war.

Natürlich sagte Hitler auch nicht, dass und warum gerade Röhm zunächst noch nicht wie die anderen zusammen mit ihm verhafteten SA-Führer erschossen wurde und warum es dann mit Verzögerung doch geschah. So wie Röhm bei aller Wut und Aufsässigkeit gegenüber Hitler immer noch eine gewisse Verbundenheit und Untergebenheit verspürte, die ihn fast unbewusst noch „Heil, mein Führer!" rufen ließ, als dieser ihn mit gezogener Pistole verhaftete, so verspürte wohl auch Hitler noch ein Gefühl von Kameradschaft, vielleicht auch ein gewisses Schuldgefühl, weil er die Versprechungen, die er Röhm gegenüber gemacht hatte, nicht gehalten hatte, als er an die Macht gekommen war.

Für Görings und Himmlers Machtansprüche muss es ein schwerer Schlag gewesen sein, zu hören, dass der gefährlichste Konkurrent möglicherweise mit dem Leben davon kommen könnte,[51] und Hess wird mit ihnen gemeinsam zwar nicht um seiner persönlichen Macht willen, wohl aber aus Abscheu gegenüber Röhm und vor allem wegen der Glaubwürdigkeit des ganzen Vorgehens Hitler vor Augen gehalten haben, dass man, wenn man die gesamte höchste SA-Führung exekutieren lässt, deren obersten und hauptschuldigen Befehlshaber nicht davon kommen lassen könne. Joachim

Fest rechnet Hitlers mehrstündige Reichstagsrede „zu seinen schwächeren rhetorischen Leistungen" und meint, er habe wohl „nicht unerhebliche Mühe gehabt, den Mord an Röhm und Strasser zu vergessen." Anders sei „sein mehr als zehn Tage anhaltendes, allen Regeln der Psychologie und der Propaganda zuwiderlaufendes Schweigen kaum zu erklären."

Auf Strasser wird noch einmal zurückzukommen sein. Was aber war mit Schleicher? Ihn nannte Hitler in dieser Rede tatsächlich nach Röhm am häufigsten und im Zusammenhang mit ihm auch einige Male Ferdinand v. Bredow. Nur recht undeutlich deutete er an, es habe sich wohl um ein Komplott gehandelt, wonach die Reichswehr von der SA übernommen und Röhm Reichswehrminister werden sollte. Für den preußischen Generalstabsoffizier v. Schleicher wäre das wohl das Abschreckendste gewesen, das er sich hätte vorstellen können. Aber Hitler verstieg sich nicht nur zu dieser Darstellung, sondern auch noch zu den Vorwürfen, das sei eine Treulosigkeit gegenüber dem Generalfeldmarschall – v. Hindenburg –, dem Reichswehrminister – v. Blomberg – und gegenüber der Armee gewesen.

Dann war ebenso undeutlich die Rede von einem „außenpolitischen Spiel", das Schleicher „durch seinen Kurier, General v. Bredow", betrieben habe, und von „reaktionären Zirkeln", die – so die kryptische Verknüpfung mit dem angeblichen SA-Putsch – „ohne mit dieser Verschwörung vielleicht direkt in Zusammenhang zu stehen, sich zum bereitwilligen unterirdischen Meldekopf für das Ausland missbrauchen ließen."

Schließlich sprach Hitler ohne Namensnennung von einem ausländischen Diplomaten, der von einem harmlosen Treffen mit Schleicher und Röhm gesprochen habe. Tatsächlich kann das aber keine Begegnung zu dritt gewesen sein. Es kann sich nur um den französischen Botschafter François-Poncet gehandelt haben, der gelegentlich mit Schleicher gesellschaftlich und auch gelegentlich mit Röhm zusammengetroffen sein mag. Hitler jedoch stilisierte das so: „Wenn aber drei Hochverräter in Deutschland mit einem auswärtigen Staatsmann eine Zusammenkunft vereinbaren und durchführen, die sie selbst als ‚dienstlich' bezeichnen, unter Fernhaltung des Personals durchführen und mir durch strengsten Befehl verheimlichen, dann lasse ich solche Männer totschießen, auch wenn es zutreffend sein sollte, dass bei einer vor mir so verborgenen Beratung nur über Witterung, alte Münzen und dergleichen gesprochen worden sein soll."

Abgesehen von allen Unwahrheiten über die angebliche Zusammenkunft, abgesehen auch von dem Rechtsverständnis, das aus dieser unglaublichen Passage spricht, ist hier vor allem das „Totschießen" zu beachten: Es ist also ganz klar, dass Hitler Schleicher und Bredow hatte „totschießen" lassen wollen. Eine Gefahr, dass es als unmittelbare Reaktion auf die Ermordung der beiden Generäle zu einem Aufstand der Reichswehroffiziere kommen könnte, war jetzt – zwei Wochen später – nicht mehr akut. Die vorsorgliche Schutzbehauptung von einem bedauerlichen Missgeschick und dem „Schusswechsel" war nicht mehr erforderlich. Nun konnte man Schleichers und Bredows Tötung als das befohlene, notwendige und verdiente Ende von „Meuterern und Verrätern" kennzeichnen.

Der Hass auf Schleicher saß tief. Rudolf Diels, anfänglich der Chef der Gestapo, dem aber von niemandem Gewalttätigkeiten oder Willkürhandlungen vorgeworfen worden sind, berichtet von einem Gespräch zwischen Hitler und Göring Mitte Januar 1934 auf dem Obersalzberg, zu dem er von Göring hinzugerufen worden sei.[52] Schon da sei von den „Verrätern" um Röhm, auch von Gregor Strasser und von Schleicher die Rede gewesen. Hitler habe gesagt: „Es ist gar nicht zu verstehen, dass Strasser und Schleicher, diese Erzverräter, die Zeit bis heute überdauert haben", und, mit vorwurfsvollem Unterton gegen Göring: „Sie leben ja noch alle, die Brüning und Treviranus und Westarp."

Diels fügt hinzu, Schleicher habe sich den ganzen Hass der Nationalsozialisten zugezogen gehabt. Er habe schon in der Nacht vom 30. auf den 31. Januar 1933 festgenommen werden sollen. Er sei für Hitler nach wie vor eine Gefahr gewesen und habe „verschwinden" sollen. Schwerin v. Krosigk bestätigt diese Darstellung. In seinen Erinnerungen schreibt er: „Hitler sah den politischen General auch noch nach dessen Sturz als seinen gefährlichsten Feind an. Er verschob die Rache auf einen geeigneten Augenblick. Dieser kam mit dem Röhm-Putsch im Juni 1934."[53]

Noch zehn Jahre später, nach dem Attentat vom 20. Juli 1944, erinnerte Hitler die Gauleiter in einer Ansprache am 4. August daran, dass, wie er nach wie vor annahm, schon in der Nacht vom 29. auf den 30. Januar 1933 ein „Potsdamer Militärputsch" zur Verhinderung seiner Machtübernahme geplant gewesen sei. Sogar noch drei Tage vor seinem Selbstmord, als man hätte meinen sollen, dass ihn ganz andere Gedanken bewegten, sagte er im

Führerbunker unter der Reichskanzlei in der letzten protokollierten Lagebesprechung vom 27. April 1945:[54]

Ich musste mich von einem Kompromiss zum anderen durchschlängeln. Das dauerte bis zum Tode von Hindenburg. Ich hatte vorher die Absicht, Leute wie Hammerstein, Schleicher u.a. rücksichtslos zur Verantwortung zu ziehen und den ganzen Klüngel um dieses Geschmeiß. Aber nach anderthalb Jahren ist dieser Entschluss allmählich milder geworden, sonst wären Tausende damals beseitigt worden.

Danach war es also vor allem der noch bedeutende Einfluss Hindenburgs gewesen, der Hitler daran gehindert hatte, nicht Dutzende, sondern Tausende zu „beseitigen".

Was waren die Ursachen von Hitlers Hass? Auch Diels erinnert an das Gerücht, das am 29. Januar 1933 aufgekommen war, als Schleicher schon zurückgetreten, aber noch kommissarisch als Reichskanzler und Reichswehrminister im Amt war, das Gerücht, mit dem verbreitet worden war, Schleicher wolle, um Hitler als Kanzler zu verhindern, mit der Reichswehr putschen, Hindenburg unter Hausarrest stellen und dessen Berater verhaften lassen. Tatsächlich aber waren ja Schleicher, Hammerstein und zwei weitere Generäle zu dem Ergebnis gekommen, dass es unmöglich sei, mit der Reichswehr gegen den Reichspräsidenten und Generalfeldmarschall v. Hindenburg zu putschen. Aber der Vorgang zeigt, dass man Schleicher zugetraut hatte, einen Militärputsch zu unternehmen. Diese Sorge um seine Macht hatte Hitler wohl nie vergessen, und wenn es um seine Macht ging, kannte er nicht die geringsten Skrupel.

Dass Schleicher zu irgendeiner Zeit in irgendeiner Art von konspirativem Kontakt mit François-Poncet oder anderen französischen Stellen gestanden habe, ist von François-Poncet persönlich und von Frankreich offiziell energisch bestritten worden, und von deutscher Seite sind solche Vorwürfe dann auch offiziell zurückgenommen worden. Als schließlich lange nach dem Zweiten Weltkrieg einmal ein Film über die Geschichte Schleichers gedreht und in diesem Zusammenhang auch François-Poncet zu Rate gezogen worden war, schrieb dieser am 3. Juni 1965:[55]

Von Schleicher erwartete ich viel. Er war in meinen Augen derjenige, der die Machtergreifung der Nazi hätte verhindern können. Leider war es zu spät. Er traute sich mehr zu, als er tun konnte, und war selbst ein bisschen übermütig. Mir gegenüber war er stets freundlich, zuverlässig; er hat mir stets die Wahrheit gesagt.

Selbstverständlich ist es falsch, dass er seine patriotischen Pflichten irgendwann oder irgendwie in seinem Verhältnis zu mir vergaß. Er war ein Ehrenmann, und ich bleibe seinem Andenken treu.

Görings Erklärungen

Steht somit der Wunsch Hitlers, Schleicher liquidieren zu lassen, außer Zweifel, so scheint die Rolle Görings in dieser Angelegenheit nicht eindeutig geklärt zu sein. Diels berichtet, im Anschluss an das Gespräch auf dem Obersalzberg habe Göring, als sie die Halle verlassen hatten, ihn gefragt: „Sie haben doch verstanden, was der Führer will? – Diese drei – also Röhm, Strasser und Schleicher – müssen verschwinden, und zwar bald!" Über Schleicher schreibt Diels dann nichts weiter. Er bat alsbald um seine Entlassung, die ihm, wenngleich nicht wohlwollend, auch gewährt wurde. Wie sich aus Diels Bericht ergibt, muss Göring gewusst haben, dass Hitler Schleicher zu „beseitigen" wünschte, und es ist anzunehmen, dass es auf ähnliche Weise auch Himmler und durch ihn Heydrich erfahren haben.

Göring war Ministerpräsident von Preußen und hatte sowohl in dieser Eigenschaft als auch im unmittelbaren Auftrag Hitlers die Aktionen in Berlin zu leiten. Am Abend des 30. Juni 1934 hielt er eine Pressekonferenz ab. Dabei habe er sich – so beschreibt es der damalige Major im Generalstab und spätere General Edgar Röhricht, der daran teilgenommen hat – als „der Gewaltige", als „Herr über Leben und Tod" aufgespielt. Andererseits berichtet Leonard Mosley, Göring sei erschüttert gewesen über die Erschießung des engagiert katholischen Ministerialdirektors Erich Klausener.[56]

Um Papen hatte es ein Gerangel mit einem SS-Kommando gegeben, das ihn abführen wollte, bis Göring dazwischentrat. Nach seinen Worten haben auch andere Menschen bei ihm Schutz gesucht. Er hat jedoch, wie sich ebenfalls aus seinen eigenen Worten ergibt, auch Personen erschießen lassen, bei denen das ursprünglich nicht vorgesehen gewesen war. Schon wenige Tage zuvor hatte er in Hamburg gedroht, „zuzuschlagen", und von denen gesprochen, die sich „um ihren Kopf gebracht haben" könnten. Soweit in der deutschen Presse die einleitende Rede Görings vom 30. Juni wörtlich wiedergegeben wurde, hat er, was Schleicher betrifft, ausgeführt:

Man sagte: gegen die Reaktion und marschierte gemeinsam mit ihr. Das war das Verwerfliche, dass die oberste SA-Führung das Phantom einer zweiten Revolution gegen die Reaktion errichtete und selbst mit ihr eng verbunden war. Der Hauptmittelsmann war der frühere Reichskanzler und General Schleicher, der die Verbindung knüpfte zwischen Röhm, einer ausländischen Macht und zu jenen ewig unzufriedenen gestrigen Gestalten. Ich habe meine Aufgabe erweitert, indem ich auch gegen diese Unzufriedenen einen Schlag führte. Es war selbstverständlich, dass General Schleicher verhaftet werden musste. Er versuchte bei der Verhaftung, einen blitzartigen Überfall zu machen auf die Leute, die ihn verhaften sollten. Er ist dabei ums Leben gekommen.

Görings eigenmächtige „Erweiterung seiner Aufgabe“ kann sich nicht auf Schleicher bezogen haben, und das ist mit diesen wegen des Zusammenhangs leicht missverständlichen Sätzen auch nicht gesagt. Schleicher gehörte ja nicht nur zu den „unzufriedenen gestrigen Gestalten“, sondern war nach Görings Worten der „Hauptmittelsmann zwischen Röhm und einer ausländischen Macht“. Seine Verhaftung war von vornherein „selbstverständlich“ gewesen. Im Nürnberger Kriegsverbrecherprozess hat Göring auf Befragen seines Verteidigers Dr. Stahmer erneut die Version von dem Widersetzungsversuch Schleichers und dem Schusswechsel vorgebracht und behauptet: „Wir bedauerten diesen Vorfall außerordentlich.“[57]

Gegenüber Meissner hatte er nach dessen Bericht schon während der zunächst gemeinsamen Internierung einmal erklärt, an dem Tode Schleichers unbeteiligt gewesen zu sein. Für ihn sei der lebende Schleicher damals viel wichtiger gewesen als der tote.[58] Aber was hatte er mit einem verhafteten lebenden Schleicher machen wollen?

Es hat einige wenige Fälle gegeben, in denen Verhaftete – einige nach KZ-Aufenthalten – tatsächlich am Leben geblieben sind, so der ehemalige Kölner Oberbürgermeister und spätere deutsche Bundeskanzler Konrad Adenauer, der ehemalige zweite „Stahlhelm“-Führer Theodor Duesterberg, aus dem „Herrenclub“ Werner v. Alvensleben und aus der Umgebung Papens Fritz Günther v. Tschirschky. Aber das konnte in der ungeheuren Erregung untergehen. Bei Schleicher wäre das nicht möglich gewesen. Die Reichswehroffiziere, die zunächst auf eine echte Untersuchung der Erschießung Schleichers gedrungen hatten, waren zwar angesichts seines ja nicht mehr zu ändernden Todes schließlich irgendwie halbwegs „ruhiggestellt“

worden, aber um einen im KZ sitzenden Schleicher hätte es wohl kaum Ruhe gegeben, und ein Prozess hätte zu der Zeit auch noch nicht so ablaufen können wie dann 1944 die Volksgerichtshofsprozesse. Darum sollten Prozesse damals unter allen Umständen vermieden werden, und es hat ja auch keinen einzigen gegeben.

Es mag sein, dass Göring Schleicher zunächst lebend hatte haben wollen, aber dass er ihn auch am Leben habe lassen wollen, ist unwahrscheinlich. Hammerstein hat gegenüber dem General v. Manstein einmal geäußert, dass Göring jedenfalls Anlass gehabt habe, Schleicher zu fürchten. Zu der Zeit, als dieser daran dachte, die NSDAP zu spalten und einige ihrer Führer – aber nicht Hitler – ins Kabinett zu nehmen, habe Göring heftig nach einem Ministerposten gedrängt. Ähnliches schreibt Otto Strasser, der Bruder des am 30. Juni 1934 ermordeten ehemaligen Organisationsleiters der NSDAP, Gregor Strasser, mit Bezug auf den damals ebenfalls zur Debatte stehenden Posten des Preußischen Ministerpräsidenten.[59] Graf Schwerin v. Krosigk schreibt knapp und klar: „Die Ermordung Schleichers und Bredows war ein persönlicher Racheakt Görings."[60]

Wenn sich nun feststellen lässt, dass Hitler den Tod Schleichers wollte und dass es sich bei dem Mordkommando nicht um einen auf Görings Veranlassung losgeschickten Trupp handelte, so schränkt dies die Glaubwürdigkeit der Äußerung Graf Schwerins nicht ein. Dieser wusste ja nicht und sagt auch nicht, wie die Ermordung Schleichers vor sich gegangen war, sondern bringt zum Ausdruck, dass Göring sie gewollt habe. Das hat aus der Feder Graf Schwerins, der als Minister in der Regierung Hitler den Personen und den Vorgängen nahestand und nicht unter dem Verdacht steht, leichtfertig schwerwiegende Äußerungen zu tun, erhebliches Gewicht. Dass ein anderes Kommando Göring zuvorgekommen ist, steht dem nicht entgegen.

Der Fall v. Bredow

An demselben Tag wie General a. D. Kurt v. Schleicher wurde auch der Generalmajor a. D. Ferdinand v. Bredow umgebracht. In diesem Falle hat es, so wie bei fast allen anderen Tötungsaktionen dieser Tage, nie ein

Ermittlungsverfahren gegeben. Über Einzelheiten des Geschehens weiß man nur sehr wenig. Kunrat v. Hammerstein, Sohn des damals ebenfalls bereits in den Ruhestand versetzten Generalobersten Kurt v. Hammerstein-Equord, berichtet, dass Bredow, als er im Radio von der Erschießung Schleichers gehört hatte, im Reichswehrministerium angerufen und hinterlassen habe, er stehe für Rückfragen zur Verfügung. Der langjährig als SPIEGEL-Redakteur tätige Heinz Höhne fügt hinzu, unter Berufung auf Wheeler-Bennet, ein ausländischer Militärattaché habe Bredow angeboten, in der Botschaft zu übernachten. Bredow habe das jedoch abgelehnt.[61]

Weiter wird berichtet, am Abend habe Bredow mit Bekannten im Hotel Adlon gesessen und sei dann nach Hause gefahren. Dort sei er gegen Mitternacht verhaftet und in die ehemalige Preußische Hauptkadettenanstalt, inzwischen SS-Kaserne, Lichterfelde verbracht worden, wo an diesem Tage die Exekutionen stattgefunden hatten. Er kam dort aber nicht mehr lebend dort an, und der Leichnam wies zwei Schussverletzungen im Kopf auf.

Oberst Ferdinand v. Bredow war, als Kurt v. Schleicher Reichswehrminister geworden war, dessen Nachfolger als Chef des Ministeramts geworden und war ein enger Vertrauter seines Vorgesetzten. Dadurch, dass nach Schleichers Rücktritt als Reichskanzler und Reichswehrminister Bredow schon am 1. Februar 1933 beurlaubt und von dem damaligen Oberst Walter v. Reichenau abgelöst worden war, war man Bredow schnell losgeworden und hatte zugleich Reichenau eine wichtige Position verschafft.

Es gibt verschiedene Berichte, nach denen Bredow Unterlagen über Hitlers Aufenthalt im Lazarett in Pasewalk in die Hände bekommen haben soll. Hitler hatte dort am Ende des Ersten Weltkrieges wegen einer zeitweise anhaltenden Erblindung durch eine Kampfgasvergiftung gelegen und berichtete später in „Mein Kampf“, dass er damals beschlossen habe, Politiker zu werden. Aus den Unterlagen soll sich ergeben haben, dass die vorübergehende Erblindung nicht auf eine Gasvergiftung, sondern auf Hysterie zurückzuführen gewesen sei. Das hat natürlich ein Grund sein können, um Bredow umzubringen. Die Unterlagen sollen vernichtet worden sein.

Es gab noch einen weiteren Bredow belastenden Umstand: Anfang 1934 war in einem Emigrantenverlag in Paris das angebliche Tagebuch eines anonymen Reichswehrgenerals erschienen. Es umfasste Eintragungen von Mai 1932 bis zum 30. Januar 1933 und war als Warnung vor dem nationalsozialistischen Regime gedacht. Inhalt und Darstellungsweise ließen auf einen hohen Reichswehroffizier aus der unmittelbaren Umgebung Schleichers schließen, und da der Kreis, der in Frage kommenden Personen von vornherein sehr klein war, wurde Bredow als der Urheber angesehen, in dessen Stil das Buch auch geschrieben war. Das Vorwort war von einem Dr. Helmuth Klotz verfasst worden.

Klotz hatte im März 1932 echte Röhm-Briefe veröffentlicht. Man weiß, dass er diese aus dem Preußischen Innenministerium erhalten hatte, nicht bekannt war allerdings, wie sie dorthin gekommen waren. Jedenfalls ergeht sich Röhm in diesen Briefen in zynischer Weise über seine Homosexualität. Die Veröffentlichung hatte zu einem Skandal geführt und auch dazu, dass Klotz im Restaurant des Reichstags von Nationalsozialisten schwer verprügelt worden war. So war die vermeintliche Verbindung zu Klotz eine zusätzliche Belastung für Bredow. Dieses „Tagebuch eines Reichswehrgenerals" war jedoch eine komplette Fälschung. Klotz selbst hatte es nachträglich angefertigt – ähnlich, wie später der Betrüger Kujau die Hitler-Tagebücher fälschen sollte.

Wie stark dies alles mitgewirkt haben mag oder nicht – mit Sicherheit ist der entscheidende Grund für die Ermordung Bredows dessen enge Verbindung zu Schleicher gewesen. Es war der Schleicher-Kreis, der damit tödlich getroffen werden sollte. In diesem Sinne hatte Hitler von dem „außenpolitischen Spiel" gesprochen, das Schleicher „durch seinen Kurier, General v. Bredow", betrieben habe, und hatte ihn „den außenpolitischen Agenten des Generals v. Schleicher" genannt.

Es wurde verbreitet, Bredow sei auf einer geheimen Reise nach Paris abgefangen worden. Tatsächlich hatte er schon ein Jahr zuvor eine private Reise u.a. nach Paris unternehmen wollen. Diese Reise hatte er als pensionierter Reichswehrgeneral ordnungsgemäß angemeldet, und sie war ihm auch genehmigt worden. Trotzdem war er an der deutschen Grenze in seinem Eisenbahnabteil von der SS festgenommen, dann aber auf Veranlassung Görings wieder freigelassen worden. Jedoch war ihm der Pass abgenommen worden, und zu der Reise war es gar nicht mehr gekommen. Als er noch Geheimdienstschef gewesen war, hatte er naturgemäß

Auslandskontakte unterhalten. Doch gab es weder im Amt, noch fand man in seiner Wohnung irgendetwas Belastendes.

Schließlich war Bredow auch Mitwisser eines Vorgangs, der für Göring peinlich war. Dazu schreibt Heinz Höhne:[62]

Niemand hatte dran gedacht, diesem ehrgeizigen Mann (Göring) einen Posten im zukünftigen Kabinett Schleicher anzubieten, obwohl sich Bredow später daran erinnern konnte, Göring sei vor dem 30. November wiederholt im Reichswehrministerium gewesen und habe mit „Tränen in den Augen“ um ein Ministeramt gebeten, was jedoch von Schleicher abgelehnt worden sei.

Dass Ferdinand v. Bredow nicht erst in Lichterfelde exekutiert, sondern schon auf der Fahrt erschossen wurde, hat seinen Grund darin, dass man – wie bei Schleicher – wegen des Eindrucks bei der Reichswehr die von vornherein bestehende Tötungsabsicht leugnen wollte. Während man bei Schleicher das Märchen von dem Schusswechsel erfand, so behauptete man bei Bredow, dieser habe fliehen wollen und sei auf der Flucht erschossen worden. Auch im Fall Bredow wurde den Angehörigen der Leichnam nicht zur Bestattung übergeben, vielmehr bekamen auch sie nur eine Urne zugestellt.

Der Fall Strasser

Strasser war als Organisationsleiter der NSDAP einer der mächtigsten Männer in der Partei gewesen. Im Jahre 1932 war die NSDAP nach einigen Wahlschlappen in eine Krise geraten und Hitler war in einen depressiven Zustand gefallen. Da war Strasser der Mann gewesen, auf den sich die Hoffnungen eines Teils der Partei und ihrer Anhänger gerichtet hatten, und Schleicher hatte mit Strasser zeitweise in erfolgversprechenden Verhandlungen über eine Regierung Schleicher-Strasser ohne Hitler gestanden. Diese von Schleicher ausgehende Initiative gehörte zu seinem „Querfront“-Konzept. Allerdings hatte Strasser immer etwas zögerlich gehandelt, vielleicht weil er sich von einer gewissen emotionalen Bindung an Hitler nie ganz zu lösen vermochte. Dann war es zu einer Auseinandersetzung zwischen Hitler und Strasser gekommen, und Strasser hatte seine Ämter niedergelegt. Es ist schwer zu beurteilen, ob dieser Schritt ein Rückzug oder eine Kampfansage war.

Strassers Beziehungen zu Schleicher endeten damit jedenfalls nicht, und es gab Situationen, in denen Strasser vor der Übernahme einer entscheidenden Rolle in der Partei und im Reich zu stehen schien. Warum es nicht dazu kam, lässt sich ebenfalls nicht zuverlässig beurteilen.[63]

Die Historiker Wolfram Pyta und Rainer Orth haben sich in einem Aufsatz eingehend mit Strasser und der Konstellation Strasser-Schleicher-Hindenburg befasst, der im Juni 2021 in Band 312 der „Historischen Zeitschrift" unter der Überschrift „Nicht alternativlos – wie ein Reichskanzler Hitler hätte verhindert werden können" veröffentlicht worden ist. Er endet mit der Feststellung, dass es allein Sache Hindenburgs gewesen sei, in der Alternative Schleicher-Strasser oder Hitler eine Entscheidung zu treffen, und mit Überlegungen zu der Frage, warum sich Hindenburg schließlich für Hitler entschieden habe.

Aber hatte es nicht schon früher Gelegenheiten gegeben, eine Regierung Schleicher-Strasser zu bilden? Hindenburg hatte doch durch Vermittlung Schleichers Strasser schon einmal empfangen und nach dem Gespräch geäußert, keine Einwendungen gegen die Aufnahme Strassers in die Regierung Schleicher zu haben. Warum hat Schleicher daraufhin nicht sofort zugegriffen? Oder hat Strasser, indem er gleich wieder nach München zurückfuhr, sich dem entzogen? Oder war es der Einfluss Brünings? Strasser unterhielt Kontakte mit Brüning, und dieser hat ihn, wie er selbst in seinen Memoiren schreibt, immer vor Schleicher und Hindenburg gewarnt.[64]

Nach Hitlers Machtübernahme hatte Strasser mit Hitlers Unterstützung eine Stelle in der pharmazeutischen Industrie übernommen und sich verpflichtet, keinerlei politische Betätigung mehr auszuüben. Noch am 23. Juni 1934 war ihm das „Goldene Parteiabzeichen" verliehen worden.

Am 30. Juni wurde er verhaftet und im Keller der Gestapo in der Prinz-Albrecht-Straße umgebracht. Es wurde verbreitet, Strasser habe Selbstmord begangen. Sein Fall gehört zu denen, bei denen vieles ungeklärt ist. Fritz Günther v. Tschirschky, der ebenfalls verhaftet und zunächst in den Keller der Gestapo in der Prinz-Albrecht-Straße verbracht worden war, schildert, dass er Strasser dort gesehen und dessen Ermordung zwar nicht direkt gesehen, aber doch miterlebt habe. Strasser sei an ihm vorbei in eine

Zelle geführt worden. Aus dieser seien dann fünf Schüsse zu hören gewesen. Anschließend habe einer der Bewacher aufgeregt und mit den Fingern gestikulierend gesagt, der Mann sei durch drei Schüsse in die Schläfe und zwei in den Hinterkopf „erledigt" worden.

Tschirschky wurde drei Tage danach als „Papenschwein" in das Konzentrationslager Lichtenburg bei Dessau verbracht, wo ihm die Haare geschoren wurden. Er wurde jedoch am 6. Juli auf Intervention eines hohen niederländischen Diplomaten, des Gesandten Limburg-Stirum, Tschirschkys Onkels, bei Hitler entlassen. Dann kam er wieder in die Umgebung Papens, der als Sonderbotschafter nach Wien geschickt wurde. Am 14. August 1934 kamen beide aus Anlass der Eröffnung der von Papen zu überbringenden Testamente Hindenburgs zu Hitler auf den Obersalzberg. Wegen Tschirschkys noch ziemlich kahlen Kopfes kam es zu einem Gespräch über seine Verhaftung, und Tschirschky berichtete, wie Strasser umgebracht worden war. Hitler sei immer blasser geworden, plötzlich aufgestanden, hin und her gelaufen und habe einen schriftlichen Bericht darüber angefordert. Hitler sei tatsächlich des Glaubens gewesen, Strasser habe sich selbst das Leben genommen.

Später hat Tschirschky – wenngleich über zwei Zwischenstationen – erfahren, dass ein schriftlicher Bericht von ihm zu Hitler gelangt sei und Hitlers Schwester erzählt habe, ihr Bruder habe in den nächsten beiden Nächten geschrien und getobt und sei gar nicht zu beruhigen gewesen. Da passt vieles zusammen: Während die meisten in Berlin Verhafteten auf dem Kasernenhof in Lichterfelde quasi offiziell exekutiert wurden, wurde die Ermordung Strassers wie in den Fällen v. Schleicher und v. Bredow mit erlogenen Darstellungen geleugnet. Während es bei Schleicher und Bredow auf der Hand lag, dass es die Militärs und das Volk waren, die getäuscht werden sollten, hätte dazu bei Strasser genauso wenig Anlass bestanden wie bei den offiziell exekutierten SA-Angehörigen. Derjenige, der hier hatte getäuscht werden sollte, war offenbar Hitler selbst. Dafür spricht ferner, dass dieser in seiner Reichstagsrede dazu nur den einen dürren Satz sagte: „Strasser wurde hinzugezogen." Das war nun wahrlich kein schwerwiegender Vorwurf gegen ihn. Tatsächlich hatte Hitler inzwischen mit Strasser versöhnliche Gespräche geführt. Höhne schildert,[65] Strasser habe Göring und Himmler „wie kein anderer NS-Führer" „durchschaut" und habe ihnen gefährlich werden können.

Einige weitere Fälle

Außer den beiden hohen Offizieren gab es noch eine große Anzahl weiterer Opfer, die nichts mit dem angeblichen SA-Putsch zu tun hatten, wenn man nicht der absurden These von den „Reaktionären“ folgen will, die mit den „Revolutionären“ gemeinsame Sache gemacht hätten. Auf diese anderen könnte Görings Wort von den „unzufriedenen gestrigen Gestalten“ gezielt gewesen sein. Edgar Jung, der Verfasser von Papens Marburger Rede, ist schon erwähnt worden, ebenso Papens Sekretär und Pressereferent Herbert v. Bose. Jung war schon vor dem 30. Juni verhaftet worden. Tschirschky berichtet, Papen habe damals telefonisch um einen Besuchstermin bei Hindenburg in Neudeck nachgesucht. Doch sei ihm mitgeteilt worden, der Gesundheitszustand des Reichspräsidenten erlaube einen Besuch nicht. Edgar Jung war nicht mehr freigekommen.

Um Papen selbst gab es das schon erwähnte Gerangel zwischen Trupps mit unterschiedlichen Vorstellungen darüber, was mit ihm geschehen solle. Göring holte ihn schließlich heraus, ließ ihn für einige Tage in sogenannte Schutzhaft nehmen und gab ihn dann frei.

Gottfried Treviranus, Kapitänleutnant a. D., war Mitglied der Deutschnationalen Volkspartei gewesen, war aus dieser aber ausgetreten, weil er dem Kurs Hugenbergs nicht folgen wollte. Zusammen mit anderen hatte er die Volkskonservative Partei gegründet, die sich allerdings nicht durchsetzen konnte. In der Regierung Brüning war er Minister gewesen. Er hatte zu denen gehört, über die Hitler auf dem Obersalzberg gegenüber Göring und Diels missbilligend festgestellt hatte, dass sie „ja immer noch leben“. Am 30. Juni 1934 hatte er hinter seinem Hause Tennis gespielt, als seine kleine Tochter gelaufen kam und ihm sagte, im Hause sei alles voll von SS-Leuten. Treviranus floh dann noch in Tenniskleidung, konnte sich einige Tage verborgen halten und danach ins Ausland emigrieren.

Umgebracht wurde auch der Präsident der Katholischen Aktion Berlins, Ministerialdirektor Erich Klausener, was Göring missbilligt haben soll. Klausener wurde von SS-Leuten auf ausdrücklichen Befehl Heydrichs sogleich in seinem Büro erschossen. Man ließ dann eine Pistole neben der Leiche liegen, um einen Selbstmord vorzutäuschen. Auch hier liegt der Adressat der Täuschung auf der Hand: die katholische Kirche. Die Vatikanzeitung „Osservatore Romano“ berichtete jedoch, einer der Männer, die mit dem Abtransport beauftragt gewesen waren, habe erzählt, dass Klausener durch einen Schuss von hinten in den Nacken zu Tode gekommen sei. Seine Frau wurde vom Tode ihres Mannes in der Form benachrichtigt, dass ihr der Postbote einen Brief und ein Paket überbrachte. Das Paket enthielt die Urne mit seiner Asche.

Soweit nur einige Beispiele von den zahlreichen konservativen und kirchlichen und hier insbesondere katholischen Opfern. So resümiert Gerhard Ritter zu diesen Vorgängen:[66]

Man sieht, es hat offenbar eine bürgerliche Verschwörung gegen das Hitler-Regiment schon in dessen ersten Jahren gegeben, und erst die Schreckenstaten des 30. Juni haben ihr zunächst ein Ende gemacht. Überdies fehlte es nicht an einzelnen mutigen Männern, die sich dem Terror (ähnlich wie Goerdeler in Leipzig) widersetzten. Der Jurist Fabian von Schlabrendorff, damals als Hilfsarbeiter im preußischen Innenministerium tätig, berichtet von der tapferen Haltung seines Staatssekretärs Herbert v. Bismarck und seiner eigenen altkonservativen Freunde v. Kleist, Landrat v. der Osten und anderer, die sich schon vor 1933 vergeblich bemühten, den verhängnisvollen Kurs, den die Deutschnationale Partei unter Hugenberg nahm, umzusteuern, und die sich nachher durch keine Gefahr schrecken ließen.

Nicht einen einzigen der vorstehend angeführten Namen hat Hitler in seiner Reichstagsrede genannt. Für die ganze Mordaktion blieb es immer bei dem Schlagwort „Röhm-Putsch“, nur mit einigen Einzelfällen wie Schleicher als einer Art „Zugabe“. Dass es sich um eine groß angelegte, auch gegen eine nationalkonservative und eine kirchliche Opposition gerichtete Aktion handelte, wurde heruntergespielt und ist nie Gegenstand des allgemeinen politischen Bewusstseins geworden.

War Schleicher noch eine Gefahr für Hitler und das Regime?

Schleicher im Ruhestand

Hitler hatte Kurt v. Schleicher also schon lange gefürchtet und gehasst. Es war ihm schon lange ein Ärgernis gewesen, dass er überhaupt noch lebte. Bei Göring könnten persönliche Ressentiments wirksam geworden sein. Himmler war der stille Profiteur des ganzen Vorgangs. „Im Hinblick auf die großen Verdienste der SS, besonders im Hinblick auf den 30. Juni 1934, erhebe ich dieselbe zu einer selbständigen Organisation im Rahmen der NSDAP“, verkündete Hitler nun. Aber die SS war damit nicht nur unabhängig von der SA geworden, sondern während die SA als Gegenmacht zur Reichswehr ganz und gar erledigt war, war die SS aufgewertet. Himmler war geschickter gewesen als Röhm. Die SS hatte, vor allem dank Heydrich, mit der Reichswehrführung eng zusammengearbeitet – natürlich mit der neuen Reichswehrführung. Die vorherige mit und um Schleicher hatte ausgeschaltet werden müssen. Aber war Schleicher überhaupt noch eine Gefahr für das neue Regime gewesen?

Sein Mitarbeiter im Reichswehrministerium Eugen Ott hatte sich als Militärattaché an die Deutsche Botschaft nach Tokio versetzen lassen und Schleicher Anfang 1934 zu einem längeren Besuch eingeladen, um ihn „aus der Gefahrenzone“ zu bringen. Schleicher aber hatte „nicht landesflüchtig“ werden wollen. An General a.D. Groener, seinen langjährigen Chef, Förderer und als Reichswehrminister schließlich Vorgänger, mit dem er nach einem bald überwundenen Zerwürfnis wieder in enger persönlicher und brieflicher Verbindung stand, schrieb er am 17. 4. 1933:

Die Rückkehr zur Natur ist schon etwas ganz herrliches, und das haben mir die ersten acht Tage bereits klar vor Augen geführt, daß Gartenarbeit bekömmlicher, lohnender und dankbarer ist als Regieren oder gar Politisieren.

Knapp ein Jahr später scheint sich Groener nach einem neuen Wohnsitz umgesehen und davon auch Schleicher Mitteilung gemacht zu haben. Am 9. 4. 1934 schrieb der in Neubabelsberg wohnende Schleicher:

Es bedeutet doch für mich die größte Freude zu wissen, daß mich mit meinem langjährigen Chef wieder die alten Bande der Treue und herzlichen Freundschaft verbinden. Ich bin gegen Machnow und auch erst in zweiter Linie für Sanssouci, ich bin für Neubabelsberg. Gestern Vormittag habe ich sofort Erkundigungen eingezogen und festgestellt, daß in der Nähe des Bahnhofs (7 Minuten) ein Häuschen für 20-25 Tausend zu haben ist und daß man etwas weiter draußen auch für 20-25 Tausend einschl. Terrain bauen kann. Man lebt doch hier draußen so herrlich und so abgesetzt von den Geschehnissen, und dann die schönen Spaziergänge mit den netten Schleichers. E.E. sollten das nochmals ernstlich überlegen! Unsere Arme sind geöffnet! Ich bitte um einen Gruß an Ihre Exz. und freue mich auf ein baldiges Wiedersehen. In alter Verehrung und Dankbarkeit der gute Schleicher.[67]

Schleichers Freund und Mitarbeiter im Reichswehrministerium, zuletzt Staatssekretär im Reichskanzleramt, Erwin Planck, hatte gleich nach Hitlers Amtsantritt seinen Abschied erbeten und bewilligt bekommen und hatte bald danach eine Asienreise angetreten, von der er erst im April 1934 zurückkehrte. Während seiner Reise berichtete er brieflich von seinen Eindrücken, und in einem seiner Antwortbriefe schrieb Schleicher am 20. September 1933:[68]

Die Reaktion auf beinahe 20 Jahre Kampf in vorderster Linie war vollkommen. Eine so tiefe körperliche Ermattung, daß Wochen und Monate in diesem stillen Winkel nötig waren, um meinen schwindenden Blutkörperchen wieder Leben und Farbe zu geben. In solchen Zeiten wirken Schreibtisch und Zeitungen auf die Galle. Also hatte ich mich von allen Tagesfragen weit abgesetzt und lebe nur meiner Gesundheit und vertiefe mich in die Historie, wozu Potsdam Anregungen die Hülle und Fülle bietet.

Zu den politischen Umständen schrieb er nur:

[...] es ist schwer umzulernen, und so kann man nichts hoffen und thun, als still zur Seite zu stehen und mit heißem Herzen hoffen, daß alles Geschehen zum Vorteil unseres geliebten Vaterlandes ausschlägt.

Schleichers Schwester, Frau v. Gaudecker, sagte über ihren Bruder nach dessen Rückzug aus der Politik, er sei „abgeklärt, ohne jeden persönlichen Hass, ganz ohne Ehrgeiz für sich, nur auf Deutschlands Wohlergehen bedacht und mit der Angst um Deutschlands Zukunft im Herzen gewesen“.[69]

Schleicher litt unter Anämie. Ende 1932, auf dem Höhepunkt seiner politischen Tätigkeit, soll ihm, so berichtet Tschirschky, sein Hausarzt einmal gesagt haben, sollte er das angespannte Leben unter großer Verantwortung wie bisher weiterführen, könne er ihm als Arzt nur noch sechs Jahre geben. Es sollte ihm viel weniger Zeit bleiben.

Planck meldete sich nach seiner Rückkehr sofort bei Schleicher, der allerdings noch innerhalb Deutschlands auf der Reise war. Sie trafen sich spätestens im Juni mehrmals, zum letzten Mal am 28. Juni 1934, zwei Tage vor dem Mord.

Mitte Juni hatte der Rittmeister a. D. Arno v. Moyzischewitz Schleicher aufgesucht, um ihn im Auftrag von Generalleutnant Beck vor politischer Betätigung zu warnen. Moyzischewitz hat 1935 in einem längeren handschriftlichen Bericht[70] ausgeführt, Schleicher habe mit Entrüstung die Unterstellung zurückgewiesen, dass er Veranlassung zu einer solchen Warnung gegeben habe. Auf Röhm angesprochen, habe er erklärt, Röhm habe zwar einmal versucht, durch einen Mittelsmann mit ihm Verbindung anzuknüpfen, er habe diesen aber sofort in eindeutiger Weise abgewiesen, ohne überhaupt eine Aussprache mit ihm zu begonnen zu haben.

Am 29. Juni bat Schleicher Arno v. Moyzischewitz noch einmal zu sich und ersuchte ihn, über Beck ein Gespräch mit dem Reichswehrminister v. Blomberg zu vermitteln. Er habe von verschiedenen Seiten gehört, im Reichswehrministerium seien die unglaublichsten Gerüchte über angebliche politische Tätigkeiten von ihm im Umlauf. Blomberg habe ihm versprochen, in der Reichswehr keine üble Nachrede über ihn zu dulden, ohne ihm aber Gelegenheit zu einer persönlichen Aussprache zu geben. Schleicher kam auch auf François-Poncet zu sprechen und sagte, dieser sei ihm wohl zwei- oder dreimal bei befreundeten Familien begegnet und habe sich zwanglos in privater Form mit ihm unterhalten, und zwar, wie er glaube, immer unter Zeugen. Moyzischewitz berichtet, Schleicher sei empört darüber gewesen, dass man sich eine Kontrolle seines privaten gesellschaftlichen Verkehrs anmaße, habe aber nicht nervös gewirkt. Er habe sich belästigt, aber nicht bedroht gefühlt.

An dem Abend seien Gäste gekommen – Verwandte und ein Freund –, und Schleicher habe Moyzischewitz gebeten, zu bleiben. Er sei heiter, ruhig und unbeschwert erschienen und habe sich bei Tisch mit einer spaßigen kleinen Ansprache in reizender Weise über sich selbst lustig gemacht. Am späteren Abend habe sich Moyzischewitz längere Zeit im Garten allein mit Schleicher unterhalten. Dabei habe dieser sich tief religiös gezeigt. So enttäuscht er über das Scheitern seiner Aufgabe sei, so sei er doch auch dankbar, dass Gott ihn von seiner Last befreit und ihm Ruhe gegönnt habe. Nichts könne seinen Entschluss, niemals wieder in das politische Leben zurückzukehren, erschüttern, wenn nicht etwa gegen alle Erwartung eines Tages Gott ihm seinen Willen zu erkennen geben sollte, ihn doch noch einmal zum Einsatz zu bringen.

Nur Hoffnungen oder auch Pläne?

Am 8. April 1949 wurde in München der ehemalige SA-Brigadeführer Max Jüttner, der zum Stab Röhms gehört hatte, durch den Kriminaloberkommissar Aumüller vernommen. Nach seiner Aussage[71] war Anfang 1934 der Obersten SA-Führung ein schriftlicher Bericht zugegangen, wonach „General Schleicher bei geselliger Veranstaltung in Münster vor Offizieren geäußert habe, der Spuk mit Hitler werde bald sein Ende finden; im Oktober hätte er auch wieder etwas zu sagen."

Dieser Bericht sei Röhm vorgelegt worden. Daraufhin habe Röhm ihm, Jüttner, und Graf v. der Schulenburg den Auftrag erteilt,

sofort nach Berlin zu fahren und dem Reichswehrminister als der für Schleicher zuständigen Stelle den Bericht zu übergeben. Wir taten dies und gaben den Bericht dem Generalstabschef, General Beck. Nach kurzer Zeitspanne von etwa 14 Tagen erhielt die Oberste SA-Führung eine schriftliche Bestätigung über den Eingang des Berichts und die Mitteilung, dass die erforderlichen Maßnahmen getroffen seien.

Diese Aussage ist mit Sicherheit zutreffend, wenn man die immerhin 15 Jahre später gemachte Zeitangabe „Anfang 1934" etwa im Sinne der ersten Monate des Jahres 1934 versteht. Da hatte nämlich Schleicher eine Reise unter anderem nach Bremen und nach Münster unternommen und in Münster einen alten Bekannten der Familie besucht, den noch im aktiven Dienst stehenden Oberstleutnant Crüwell, sowie den Major Marcks, der vorher im Reichswehrministerium gewesen war. Auch steht außer Zweifel, dass Schleicher in privaten Kreisen das neue Regime heftig zu kritisieren pflegte. Ott war zu seiner Versetzung nach Tokio nicht zuletzt dadurch veranlasst worden, dass er bei einem Zusammensein mit Schleicher und dem General v. Rundstedt erschrocken darüber war, „wie schauerlich die beiden auf Hitler schimpften".[72] Auch andere, darunter der französische Botschafter François-Poncet, haben Schleicher mehrfach gewarnt, in seinen Äußerungen vorsichtiger zu sein.

Belegt ist weiter, dass Schleicher – wie so viele – mit einem raschen Ende der Regierung Hitler rechnete, auch mit der Möglichkeit, dass Hindenburg ihn doch wieder rufen werde. Wahrscheinlich war er sich nicht darüber im Klaren, wie stark Hindenburg inzwischen gegen ihn beeinflusst worden war. Seine Hoffnung auf ein baldiges Ende der nationalsozialistischen Herrschaft stützte er vor allem auf die Erwartung, dass das Ausland der deutschen Aufrüstung nicht tatenlos zusehen werde. François-Poncet schreibt in seinen Erinnerungen: „Die Opposition war besonders in den Kreisen der Heeresleitung, im preußischen Adel fühlbar, bei den früheren Mitgliedern des Stahlhelm, bis in den kleinen Kreis der Vertrauensleute des Marschalls Hindenburg."[73]

Über die bloße Hoffnung oder Erwartung eines baldigen Endes der Regierung Hitler hinaus geht der Bericht eines Dr. Julius Friederich in der „Deutschen Volkszeitung" vom 5. März 1949,[74] der weitgehend gleichlautend ist mit dem entsprechenden Abschnitt aus Friederichs Schrift „Wer spielte falsch?". Dr. Julius Friederich ist ein Pseudonym für Joachim v. Ostau, der beruflich und politisch ein ungewöhnlich wechselvolles Leben geführt hat, beruflich vom Schauspieler und Theaterdirektor bis zum Politiker und Fabrikanten, politisch vom Kreisleiter der NSDAP 1931, aus der er im Oktober 1932 ausgeschlossen wurde, bis zum Mitglied der FDP 1956. Sein Ausschluss aus der NSDAP war eine logische Folge des Umstands gewesen, dass er mit seiner im Grunde gleichbleibenden konservativen Grundanschauung mit der Parteilinie in Kollision geraten war. In den 1930er Jahren stand er über Erwin Planck in Verbindung mit dem Kreis um Kurt v. Schleicher.

Aus dieser Zeit berichtet er – als Dr. Julius Friederich – von einem Gartenfest bei Schleichers am 23. Juni 1934, an dem er offenbar teilgenommen hatte, natürlich als Joachim v. Ostau. Bei seiner Ankunft habe

Schleicher auf eine an einem gegenüberliegenden Hause hängende Hakenkreuzfahne gewiesen und gesagt: „Sie wird in wenigen Tagen nicht mehr sein." Hindenburg sei in letzter Zeit durch Terrorakte gegen die Kirche – vonseiten der SA – tief getroffen, außerdem rumore es überall im Volk wegen des revolutionären Verhaltens der Sturmabteilungen. Hindenburg habe bei ihm anfragen lassen, ob er bereit sei, einen militärischen Ausnahmezustand zu befehligen, und er, Schleicher, habe nach Absicherung bei den Wehrkreiskommandeuren seine Bereitschaft dazu übermitteln lassen. Er wisse, dass Hitler entschlossen sei, den Komplex Röhm mit Gewalt zu liquidieren. Das wolle er mit Hilfe des Ausnahmezustandes verhindern und stattdessen eine streng gesetzmäßige Abwicklung erzwingen.

Was soll man von diesem Bericht halten, zu dem es von keiner Seite Hinweise gibt, die ihn bestätigten? Allenfalls könnte man gerade in der Tatsache und der Brutalität des Vorgehens gegen Schleicher eine gewisse indirekte Bestätigung sehen. Eine Konspiration wie die von Ostau dargestellte wäre jedenfalls näherliegend als die so offensichtlich abwegige Behauptung von einer gemeinsamen Verschwörung der „Reaktionäre" mit den „Revolutionären". Dass Kreise um Schleicher in dem bevorstehenden Machtkampf zwischen den Hitler- und den Röhm-Nationalsozialisten eine Chance hätten sehen können, bei dieser Gelegenheit gleich beide auszuschalten, erscheint nicht unplausibel.

Richtig ist auch, dass Hindenburg äußerst besorgt wegen einer von Kreisen der SA und der Partei inszenierten Art von Kirchenkampf gewesen war. Er hatte sich sogar öffentlich eingeschaltet. Aber dass er bei Schleicher habe anfragen lassen, ob dieser bereit sei, einen militärischen Ausnahmezustand zu befehligen, kann man wohl ausschließen. Hindenburg war vor allem durch seinen Sohn und durch Papen massiv gegen Schleicher beeinflusst, und es gibt auch keinen Anhalt dafür, dass er bereit gewesen sei, noch einmal so tief und entscheidend in das politische Geschehen aktiv einzugreifen. Das scheint eine Erfindung zu sein.

Vielleicht liegt die Wahrheit irgendwo in der Mitte. Für die Widersprüche zwischen dem, was Schleicher selbst und was andere aus seiner Umgebung einerseits über seinen Rückzug ins Private und andererseits über vermeintliche oder wirkliche politische Aktivitäten gesagt haben, gäbe es eine Erklärung: Der Widerspruch liegt in Schleichers eigenem

Innern. Einerseits war er erleichtert, nicht mehr in den politischen Kämpfen und in der Verantwortung zu stehen, sehnte sich nach Ruhe und Erholung, andererseits verfolgte er das politische Geschehen „mit heißem Herzen“.

Alle Berichte stimmen darin überein, dass Schleicher das neue Regime für verhängnisvoll hielt. Dabei schimpfte er nicht einfach vom bequemen Sessel seines Ruhestandes aus, sondern verzehrte sich in der Überzeugung, dass er mit der Autorität Hindenburgs und der Macht der Reichswehr hinter sich in der Lage gewesen wäre, das Unheil abzuwenden. So mag er auch, ohne es zugeben zu wollen, doch immer wieder einmal daran gedacht haben, dass „eines Tages Gott ihm seinen Willen zu erkennen geben (werde), ihn doch noch einmal zum Einsatz zu bringen,“ wie er am Abend vor seiner Ermordung zu Arno v. Moyzischewitz gesagt hat.

Die Aussage Jüttners und der Bericht von Arno v. Moyzischewitz, der noch im Reichswehrministerium tätig war, passen zeitlich und inhaltlich zusammen. Jüttners erster Besuch bei Schleicher war ja im Auftrag von Generalleutnant Beck erfolgt, den andererseits Jüttner auf Weisung der SA-Führung aufgesucht hatte. Beck hatte also Schleicher wissen lassen, dass er beobachtet werde, und hatte ihn darüber informieren lassen, was über ihn im Umlauf sei. Blomberg hatte sich hingegen nicht an sein Versprechen gehalten, in solchen Fällen Schleicher Gelegenheit zu einer Aussprache zu geben. Mit der Aussage Jüttners wird aber zugleich auch deutlich, dass von einer Konspiration zwischen Schleicher und Röhm keine Rede sein kann. Vielmehr hat Röhm sogar Schleicher beobachten lassen und ein Dossier, das ihn in den Augen der neuen Staatsführung belasten musste, der neuen Reichswehrführung zugeleitet. Angesichts der Repression, unter der sich die deutsche Öffentlichkeit inzwischen befand, ist es erstaunlich, dass Schleicher sich anscheinend nicht ernstlich gefährdet glaubte. Er sah sich wohl unter dem Schutz der Reichswehr und fühlte sich dadurch genügend abgesichert. Aber die neue Reichswehrführung war zu dieser Zeit schon politisch korrumpiert.

Am Vormittag des 30. Juni – es war ein Sonnabend – versuchte Moyzischewitz, wie am Vorabend mit Schleicher verabredet, Generalleutnant Ludwig Beck zu erreichen. Jedoch wurde ihm gesagt, der General sei restlos beansprucht und frühestens am Montag zu sprechen. Schleicher unternahm am Vormittag dieses 30. Juni 1934 seinen gewohnten Ausritt in den Tiergarten. Wenige Stunden später war er tot.

Ob oder wie weit Schleicher im Sinne seiner Ablehnung des Regimes und seiner Gedanken über Möglichkeiten, diesem noch entgegenzutreten, auch konkrete Schritte unternommen hat, lässt sich offenbar nicht mehr feststellen. Seine Tragik – und man muss hinzufügen: letztlich auch die Tragik Deutschlands – liegt darin, dass Hindenburg unter den Einfluss Hitlers geraten war, vor allem unter dem Einfluss seines „in der Verfassung nicht vorgesehenen" Sohnes und dem Papens, der beiden Schleicher-Hasser, stand und nicht mehr Herr seiner Autorität war. Zu alledem kam hinzu, dass die neue Reichswehrführung einen faustischen Pakt mit dem Teufel eingegangen war.

Wenn Hindenburg den Ausnahmezustand verhängt hätte, wozu er nach der Weimarer Verfassung unzweifelhaft befugt war, hätten Schleicher, Hammerstein und andere hohe Offiziere gerade in diesem Augenblick des Rumorens im Volke und nach der breiten Zustimmung zu der Papen-Rede wohl die Reichswehr noch einmal hinter sich bringen und vielleicht sogar Erfolg erzielen können. Die Furcht davor, dass dies tatsächlich möglich gewesen sei, ist der überzeugendste Grund für die Ermordung Schleichers.

Hindenburgs Tod

Die letzten fünf Wochen

Viel Widersprüchliches wird darüber berichtet, inwieweit Hindenburg noch die Vorgänge verstanden hat. Es geht hier jetzt um die letzten fünf Wochen seines Lebens, nachdem er schon Ende März 1934 ernsthaft erkrankt war. Schon damals hatte sein Hausarzt den Chefarzt der Berliner Charité, Professor Ferdinand Sauerbruch, die zu dieser Zeit herausragende medizinische Kapazität, zur Behandlung hinzugezogen. Seit Anfang Juni 1934 hatte Hindenburg sein Gut Neudeck nicht mehr verlassen und wurde von seinem Sohn und Adjutanten Oskar v. Hindenburg, seinem weiteren Adjutanten Wedige v. der Schulenburg und seinem Staatssekretär Otto Meissner weitestgehend abgeschirmt.

Ob das wegen seines Gesundheitszustandes geschah oder ob man ihm nur noch gefilterte oder gefärbte Nachrichten zukommen lassen wollte, ist nicht von großer Bedeutung; denn beides läuft darauf hinaus, dass er kein vollständiges Bild von der Lage mehr bekam. Wedige v. der Schulenburg galt als dem Nationalsozialismus nahestehend, und die Einstellung Oskar v. Hindenburgs gegenüber dem neuen Regime kann kaum davon unbeeinflusst geblieben sein, dass der Hindenburgsche Besitz durch ein Geschenk des preußischen Staates um die Domäne Langenau erweitert und das Rittergut in seiner Gesamtheit steuerfrei gestellt worden war, solange es im Besitz eines männlichen Angehörigen der Familie Hindenburg verbleiben sollte.[75]

Als Hindenburg „um den 18. Juni herum" von dem Reichspressechef Walther Funk über den Konflikt zwischen Hitler und Papen wegen der „Papenrede" in Marburg informiert wurde, soll er geäußert haben, wenn Papen „keine Disziplin hält, dann muss er eben die Konsequenzen daraus ziehen", und als Hitler ihn am 21. Juni aufsuchte, soll Hindenburg ihm gegenüber so freundlich gewesen sein wie noch nie zuvor. Für die erste Feststellung bezieht sich der Historiker Wolfram Pyta auf eine Aussage, die der seinerzeitige Reichspressechef Walther Funk 1946 vor dem Nürnberger Gericht gemacht hat, für letztere auf eine Eintragung Alfred Rosenbergs.

Ob das zuverlässige Quellen sind, wird man bezweifeln dürfen, und für die Beurteilung von Hindenburgs Gesundheits-, Geistes- und Gemütszustand geben sie sowieso nichts her.

Tschirschky[76] hatte als Mitarbeiter Papens mitbekommen, dass Papen am 26. Juni um einen Besuch beim Reichspräsidenten in Neudeck nachgesucht hatte, von Oskar v. Hindenburg aber gebeten worden war, wegen des Gesundheitszustandes seines Vaters von dieser Absicht Abstand zu nehmen. An diesem 26. Juni wurde Hindenburg jedoch von dem Chef der Heeresleitung, Generaloberst v. Fritsch, aufgesucht, offenbar um ihn über die Umtriebe Röhms und der SA zu informieren, denen Hindenburg mit großer Besorgnis gegenüberstand. Es muss aber wohl noch anderes zur Sprache gekommen sein. Jedenfalls schreibt Pyta, Fritsch habe „gegen die Allianz Hindenburg/Hitler" nichts auszurichten vermocht, hatte also anscheinend derartiges versucht. Die „Allianz Hindenburg/Hitler" – das ist für die Zeit seit dem 30. Januar 1933, spätestens seit dem „Tag von Potsdam" im März, eine der Kernthesen Pytas:

Hindenburg gelangte schließlich zu der Überzeugung, seine historische Mission mit dem Stabwechsel an Hitler erfüllt zu haben, bei dem sein politisches Vermächtnis gut aufgehoben schien.

Die andere These gipfelt in der Feststellung, Hindenburg sei „bis Ende Juli 1934 arbeitsfähig und seine geistige Aufnahmebereitschaft bis fast zum Schluss völlig ungetrübt" geblieben.

Widersprüchliche Berichte gibt es auch darüber, wie Hindenburg die Nachricht vom Tod Schleichers und dessen Frau aufgenommen hat, sogar darüber, wann er die Nachricht erhalten hat. Pyta schreibt, er habe sie am Nachmittag des 30. Juni erhalten. Nach Pyta sah er „keinen Anlass, die für die Ermordung Schleichers Verantwortlichen zur Rechenschaft zu ziehen, und gab lediglich Anweisung, ihn in dieser Angelegenheit auf dem Laufenden zu halten."

Hindenburgs Staatssekretär Meissner berichtet dagegen, dass die Nachricht von der Ermordung des Generals und dessen Frau erst am folgenden Tage eingetroffen sei, ferner, dass sie „Hindenburg aufs höchste erregte und zu dem dringenden Ersuchen an Hitler veranlasste, diese Morde durch eine gerichtliche Untersuchung sofort aufzuklären und die Schuldigen der gerichtlichen Bestrafung zuzuführen."[77] Dann hätten Hitler und Göring ihn,

Meissner, telefonisch von dem angeblichen Widerstand Schleichers, den Abwehrschüssen und dem Dazwischentreten seiner Frau unterrichtet. Hitler habe ihm versichert,

dass er den Vorfall aufs tiefste bedauere; er werde eingehend untersuchen lassen, ob eine Überschreitung des Waffengebrauchs vorliege; etwaige Schuldige würden streng bestraft werden. Hindenburg, der insbesondere an den gegen den General von Schleicher erhobenen Vorwurf einer landesverräterischen Handlung nicht glauben konnte, bestand auf einer unabhängigen gerichtlichen Untersuchung des gesamten Falles und um [sic] Vorlage der Unterlagen, auf die Hitler seinen Vorwurf einer landesverräterischen Handlung stütze; beides wurde ihm auch zugesagt.

Tatsächlich ist dies aber nie geschehen. Offensichtlich hat Hindenburg auch Hitlers Reichstagsrede vom 13. Juli nicht mehr angehört, und hat man ihm auch von den Passagen über Schleicher nichts mehr berichtet. Sonst hätte es ohne Zweifel vielfache Berichte über seine Reaktion gegeben.

Aus Hindenburgs Dankestelegramm an Hitler zitiert Pyta den Satz: „Sie haben das deutsche Volk aus einer schweren Gefahr errettet." Doch verdient auch der das Telegramm einleitende Halbsatz Beachtung: „Aus den mir erstatteten Berichten ersehe ich, [...]." Von wem auch immer diese Formulierung stammen mag – sie besagt doch: „Wenn es so war, wie mir berichtet wird, dann [...]", lässt also erkennen, dass Hindenburg diese Berichte nicht unbedingt für bare Münze nahm, sondern sich lediglich auf sie bezog, was immer noch die Möglichkeit offenließ, sich eventuell von ihnen zu distanzieren.

Meissner schildert, wie es zu dem Telegramm gekommen war: Am 2. Juli sei er von Neudeck nach Berlin gefahren. Dort habe ihn Hitlers Pressechef Funk aufgesucht und den Wunsch Hitlers nach dem Telegramm übermittelt, für das Funk auch sogleich einen Entwurf mitgebracht habe. Diesen habe er in abgeschwächter Fassung – vielleicht unter Hinzufügung des einleitenden Halbsatzes? – telefonisch nach Neudeck durchgegeben und darum gebeten, die Entscheidung Hindenburgs einzuholen, vorher jedoch „im Hinblick auf den noch ungeklärten Fall v. Schleicher" den Reichswehrminister v. Blomberg um eine Stellungnahme zu ersuchen. Das sei auch geschehen, und Blomberg habe erklärt, keine Bedenken gegen ein solches Telegramm zu haben. Wie Hindenburg das Telegramm vorgelegt worden ist und unter welchen Umständen er es akzeptiert hat, hat Meissner nicht erlebt. Auch darüber gibt es unterschiedliche Darstellungen, und man muss diese Frage wohl als ungeklärt ansehen.

Dass Hindenburg körperlich und geistig noch frisch war, dass er noch etliche Gläser Wein trinken konnte, ohne sich etwas anmerken zu lassen, dass er noch anderthalb Stunden lang in disziplinierter und aufrechter Haltung einen Vorbeimarsch abnehmen konnte, das alles schließt nicht aus, dass er leichter beeinflussbar geworden war, ohne deswegen schon senil zu sein, wie es ihm manchmal zu seiner Entschuldigung nachgesagt worden ist. Dass er ab März 1934 zum ersten Mal in seinem Leben ernsthaft erkrankt war, bedeutete, wie auch Pyta schreibt[78], eine scharfe Zäsur, und danach sollte Hindenburg nicht mehr gesunden. Tschirschkys Einschätzung stimmt, was Hindenburgs Gesundheitszustand betrifft, weitgehend mit derjenigen Pytas überein, in der Sache dagegen nur insofern,[79] als Hindenburgs Wunsch, nach Jahren des Notverordnungsregimes politisch entlastet zu werden, in Erfüllung gegangen sei und er sich auf die Wahrnehmung seiner Rechte als Oberbefehlshaber der Reichswehr beschränkt habe. Jedoch widerspricht Pyta der Auffassung, Hindenburg habe zu Hitler Vertrauen gefasst. Vielmehr habe man ihn falsch informiert, habe ihm Unerfreuliches und Verabscheuungswürdiges verheimlicht, weshalb er geglaubt habe, dass sich eine Entwicklung zu innerer nationaler Aussöhnung anbahne.

Paul v. Hindenburg starb am 2. August 1934 im 87. Lebensjahr.

Nach dem Tod Hindenburgs

Hitler hatte den Tod Hindenburgs nicht abgewartet, sondern rechtzeitig dafür gesorgt, dass am 1. August ein Gesetz erlassen wurde, dessen § 1 lautet:

Das Amt des Reichspräsidenten wird mit dem des Reichskanzlers vereinigt. Infolgedessen gehen die bisherigen Befugnisse des Reichspräsidenten auf den Führer und Reichskanzler Adolf Hitler über. Er bestimmt seinen Nachfolger.

Man muss sich das einmal vor Augen führen: Was diese drei Sätze bedeuteten, geht über die „verfassungsrechtliche“ Zusammenlegung der Ämter des Reichspräsidenten und des Reichskanzlers noch weit hinaus. Nicht nur sind Reichspräsident und Reichskanzler nun eine und dieselbe Person, sondern diese Person ist „kraft Verfassung“ einzig und allein Adolf Hitler. Wenn der französische „Sonnenkönig“ Ludwig XIV. von sich sagte: „Der Staat bin ich“, so endete dieser Zustand immerhin mit dem Tod des Monarchen. Dann repräsentierte automatisch ein anderer den Staat: „Der König ist tot. Es lebe der König!“ Aber nach der nunmehr geltenden deutschen „Verfassung“ war für die Zeit nach Hitler gar nichts mehr vorgesehen. Es blieb allein Hitler überlassen, zu bestimmen oder nicht zu bestimmen, was nach ihm werden solle.

Der Tod Hindenburgs war dagegen in dem Gesetz vorgesehen. Dessen § 2 lautet: „Dieses Gesetz tritt mit Wirkung von dem Zeitpunkt des Ablebens des Reichspräsidenten v. Hindenburg in Kraft.“

Es war dies der letzte Schritt zur Beseitigung der Weimarer Republik und auch der alten Reichswehr; denn zu den „Befugnissen des Reichspräsidenten“ gehörte auch der Oberbefehl über die Streitkräfte. Alle höchsten Machtbefugnisse im Staate waren nunmehr in der Person Adolf Hitlers vereint.

Damit war zugleich den besonders von Brüning wieder näher in Betracht gezogenen Bestrebungen nach Wiedereinführung der Monarchie ein Riegel vorgeschoben. Diese Bestrebungen waren mit dem Nahen des Todes Hindenburgs in eine akute Phase eingetreten. Am 11. beziehungsweise am 14. Mai 1934 hatte Hindenburg zwei politische Testamente fertiggestellt, die danach in Neudeck aufbewahrt worden waren. Nach seinem Tode wurden sie Papen übergeben, der sie zusammen mit Tschirschky am 14. August Hitler zur Eröffnung auf dem Obersalzberg übergab.[80]

Hitler öffnete zunächst einen großen Umschlag, in dem sich zwei versiegelte kleinere Umschläge befanden, einer mit der Aufschrift „Dem Deutschen Volke“ und einer mit der Aufschrift „Dem Reichskanzler Adolf Hitler“. Beide Umschläge öffnete er sodann, las sie durch und ordnete sogleich die Veröffentlichung des ersten Schriftstücks sowie der Umstände an, unter denen die Eröffnung erfolgt war. In diesem Text spannte Hindenburg einen großen Bogen vom Ende des Ersten Weltkrieges über die Weimarer Republik und seine eigene Rolle in ihr bis zu den Sätzen:

Mein Kanzler Adolf Hitler und seine Bewegung haben zu dem großen Ziel, das deutsche Volk über alle Klassen- und Standesunterschied zu innerer Einheit zusammenzuführen, einen entscheidenden Schritt von historischer Tragweite getan. [...] Ich scheide von meinem deutschen Volk in der festen Hoffnung, daß das, was ich im Jahre 1919 ersehnte und was in langsamer Reife zu dem 30. Januar 1933 führte, zu voller Erfüllung und Vollendung der geschichtlichen Sendung unsres Volkes reifen wird.

Was er im Jahre 1919 ersehnt hatte und was nach seinen Worten „zu voller Erfüllung und Vollendung der geschichtlichen Sendung unsres Volkes reifen" werde, das zitiert Hindenburg aus seinen im Jahr 1919 niedergeschriebenen Erinnerungen „Aus meinem Leben" nun in diesem Testament noch einmal wörtlich:

Dann wird aus dem ewig bewegten Meere völkischen Lebens jener Felsen wieder auftauchen, an den sich einst die Hoffnung unserer Väter geklammert hat, und auf dem vor fast einem halben Jahrhundert durch unsere Kraft des Vaterlandes Zukunft vertrauensvoll begründet wurde: Das deutsche Kaisertum!

Das zweite Schriftstück ist nie veröffentlicht worden und ist auch später nicht mehr aufgetaucht. Daher können wir nicht genau wissen, was in ihm stand. Nach Tschirschky, der bei der Abfassung beider Texte mitgewirkt hatte, enthielt es für die Zukunft den Wunsch nach Wiedereinführung der – nunmehr konstitutionellen – Monarchie, außerdem den Wunsch nach politischer Unabhängigkeit der Reichswehr, nach Wiedereinführung einer parlamentarischen Regierungsform und nach Abänderung der Rassengesetze[81], was ja auch der Marburger Rede Papens entsprochen hätte. Tschirschky hatte den Eindruck, dass beide Testamente Hitler in ihren wesentlichen Inhalten schon bekannt gewesen seien. Vieles war auch schon allgemein bekannt.[82] Dieses Schriftstück nahm Hitler an sich und erklärte, über seine Veröffentlichung werde er später entscheiden.

Pyta schreibt, Hindenburg „habe zwar ohne Zweifel die Wiedereinführung der Monarchie gewünscht, habe es aber mit der ‚Verbannung' dieses Wunsches in ein an Hitler persönlich gerichtetes Schreiben diesem überlassen, davon Gebrauch zu machen." In seiner Zeit als Reichspräsident hatte Hindenburg monarchistische Bestrebungen nicht unterstützt und hatte den in Doorn im Exil lebenden ehemaligen Kaiser Wilhelm II. und dessen Sohn Wilhelm, den einstigen Kronprinzen, als mögliche Thronkandidaten abgelehnt. Hitler habe jedenfalls, indem er Hindenburgs Testament für sich behielt, den letzten Willen Hindenburgs nicht verfälscht.

Mit den Äußerungen des Zeugen Tschirschky setzt sich Pyta nicht weiter auseinander, eines Zeugen, der zwar keine konkreten Tatsachen bekundet, aber doch Hindenburg bei der Planung von dessen Testament nahegestanden hat. Tschirschky ist davon überzeugt, dass der Reichspräsident nach seiner Denkungsweise diesen an den Reichskanzler gerichteten Brief als ein Staatsdokument betrachtet habe. Die Möglichkeit, Hitler könne ein so wichtiges Schriftstück als nur für ihn persönlich bestimmt ansehen, werde ihm gar nicht in den Sinn gekommen sein.

Zuzugeben ist, dass Hindenburgs Vorstellung und Wille etwas unklar erscheinen. Zwar wiederholt er in seinem veröffentlichten Testament „Dem deutschen Volke" ausdrücklich, was er anderthalb Jahrzehnte zuvor schon in seinen Erinnerungen prophezeit hatte, von dem „Felsen", auf den „des Vaterlandes Zukunft vertrauensvoll begründet wurde: Das deutsche Kaisertum!" Aber das ist eben der Ausdruck einer „festen Hoffnung", keine eindeutige Willensbekundung. Eine solche mag in dem unveröffentlichten Testament „Dem Reichskanzler Adolf Hitler" enthalten gewesen sein. Aber warum diese gesonderte Zuordnung?

Ein Grund für die Nichtveröffentlichung des zweiten Hindenburg-Texts könnte gewesen sein, dass die von Tschirschky genannten Wünsche Hindenburgs sowohl innen- als auch außenpolitisch mit vielerlei Problemen verbunden waren und durchaus ernstzunehmende politische Bedenken dagegen sprechen konnten, sie sofort zu veröffentlichen. So einfach wie der Satz „Der König ist tot. Es lebe der König" ging es nicht. Bis zur Wiedereinführung der Monarchie bedurfte es auf jeden Fall erst noch einer Übergangszeit. Dass die Ämter des Reichspräsidenten und des Oberbefehlshabers der Streitkräfte als eigenständige Ämter abgeschafft und mit dem Amt eines Reichskanzlers vereinigt werden würden – auf diesen Gedanken wird Tschirschky kaum gekommen sein.

Aber Hitler brauchte nun nicht mehr zu taktieren. Er war als uneingeschränkter Machthaber am Ziel. Auf Hindenburg brauchte er keine Rücksicht mehr zu nehmen. Die Reichswehr, jedenfalls ihre neue Führung, hatte sich ihm ausgeliefert, und der gefährlichste Widersacher aus der Reichswehr war umgebracht.

Das Ende der Reichswehr

Die Reichswehr bis zum Sturz v. Schleichers

Die Reichswehr hatte es erreicht, dass sie „der alleinige Waffenträger der Nation" geblieben war. Doch um welchen Preis! Die Reichswehr hatte zur Weimarer Republik gehört und von deren Anfängen an ihren Bestand garantiert. Ohne die Truppe, aus der die Reichswehr hervorgegangen war, wäre die Gründung dieser Republik gar nicht möglich gewesen. Angesichts der spartakistisch-kommunistischen Aufstände hätte die Weimarer Nationalversammlung nicht zusammentreten, nicht zusammenbleiben können.

Kurt v. Schleicher war von November 1918 an immer dabei gewesen. Im November 1918 als politischer Referent des damals zweithöchsten Militärbefehlshabers, General Groeners, war Schleicher maßgebend beteiligt gewesen, als Groener nach der Abdankung des Kaisers dem als provisorischer Staats- und Regierungschef amtierenden Sozialdemokraten Friedrich Ebert die Unterstützung durch die Streitkräfte zusagte. Der damalige Major im Generalstab Erich Freiherr v. dem Bussche-Ippenburg schrieb später: „Das Bündnis der damaligen OHL (Obersten Heeresleitung) mit Ebert war Schleichers Werk. Ohne seinen klugen Rat hätte Groener es nie abgeschlossen. Das Bündnis rettete unser Vaterland vor dem Kommunismus. Ein unvergängliches, viel zu wenig bekanntes Verdienst Schleichers!"[83]

Als unter dem Sozialdemokraten Gustav Noske das Reichswehrministerium entstand, war Schleicher von Anfang an Leiter der Dienststelle für „innen- und militärpolitische Angelegenheiten". In diesem Amt und später in anderen Stellungen hatte er in den 14 Jahren der Weimarer Republik mit allen Regierungen – ob bürgerlich oder sozialdemokratisch geführt – vom Reichswehrministerium aus zusammengearbeitet. Er hatte es verstanden, dafür Mitarbeiter heranzuziehen, die fest zu seinen Vorstellungen standen. Im Reichswehrministerium und auch später hielten sie persönlich und in der Sache immer zu ihm. Zu nennen sind insbesondere Eugen Ott, Erwin Planck, Bodo v. Harbou und Vincenz Müller.

Als Seeckt ausgeschieden war, sorgte Schleicher dafür dass sein Regimentskamerad, der von ideologischen Vorurteilen freie General Kurt v. Hammerstein-Equord, Chef der Heeresleitung wurde, und als er selbst Reichswehrminister geworden war, dass Ferdinand v. Bredow sein Nachfolger im Ministeramt wurde. So hatte er durch eine kluge Personalpolitik in das Reichswehrministerium und an die Spitze des Heeres Offiziere gebracht, die loyal zur Verfassung der Weimarer Republik standen. Um die Jahreswende 1932/33 schließlich stellte er eine Regierung quer zu den parteipolitischen Fronten zusammen, gestützt auf Reichswehr und Gewerkschaften. Wieder sollte die Reichswehr die Weimarer Republik stützen. Als er im Dezember 1932 als Kanzler an die Spitze des Reiches trat, war dies die letzte Chance für die Republik.[84]

Schleichers Sturz mit dem 30. Januar 1933 leitete das Ende der Weimarer Republik ein und war von doppelter symbolischer Bedeutung. Als Reichskanzler und Reichswehrminister verkörperte er geradezu die Zusammengehörigkeit von Weimarer Republik und Reichswehr. An seine Stelle traten nun als Reichskanzler Adolf Hitler und als Reichswehrminister der unter Hitlers Einfluss stehende General v. Blomberg. So war das Ende der Weimarer Republik eingeleitet und das Ende der Reichswehr als verfassungstreuer Streitmacht vorgezeichnet.

Es folgten die Entlassung Hammersteins und die Etablierung Reichenaus im Reichswehrministerium auf dem Platz Bredows. Für die Reichswehr aus der Weimarer Republik hatte Hammerstein schon gleich nach dem 30. Januar 1933 so gut wie allein gestanden. Smilo v. Lüttwitz, ein Schwager Hammersteins, hat berichtet,[85] Blomberg habe einen Boykott über ihn verhängt; keiner seiner früheren Mitarbeiter im Ministerium habe ihn besuchen dürfen. Als ebenso schlimm wie die Mordaktion selbst habe Hammerstein die begeisterte Zustimmung Blombergs und das Danktelegramm Hindenburgs beurteilt. Er habe das als eine verhängnisvolle Kapitulation und als Preisgabe jedes Anstands- und Rechtsgefühls empfunden. Aber er hatte ja auch schon Ende 1933 um seinen Abschied gebeten und war im Februar 1934 verabschiedet worden. Mit Schleicher und Hammerstein waren die Spitzen der Weimarer Reichwehr nunmehr aus dem Dienst entfernt.

Die Reichswehr und der Mord

Wie war es möglich, dass die Reichwehr den Mord an ihrem General v. Schleicher auf sich beruhen ließ und nicht einmal etwas zur Aufklärung des Geschehens unternahm? Der spätere Generalfeldmarschall Erich v. Manstein gibt dafür in seinen Erinnerungen eine Erklärung ab: Angesichts der „Rechtenserklärung" hätte sich eine bewaffnete Auflehnung der Reichswehr nicht nur gegen die Regierung und den Reichstag, sondern auch gegen den Reichspräsidenten gerichtet, der das Eingreifen Hitlers als aus Staatsnotwehr erfolgt gebilligt habe. Das wäre in letzter Konsequenz der Staatsstreich gewesen, stellt Manstein fest und fragt, wer in diesem Kampf auf der Seite der Reichswehr gestanden hätte:

Die in den Untergrund gegangenen Kommunisten schieden als Bundesgenossen in jedem Fall aus. Die Sozialdemokratie – soweit sie nach Auflösung der Parteien überhaupt wieder politisch hätte aktionsfähig werden können – wäre zwar Gegner Hitlers, aber deswegen noch nicht Verbündete der Reichswehr gewesen. Aus bürgerlichen Kreisen durfte sie allenfalls auf aktive Unterstützung durch einen Teil der verbitterten ehemaligen Angehörigen des Stahlhelms rechnen. Sie würde also im wesentlichen allein gestanden haben. Wie aber sollte – selbst wenn der Staatsstreich glückte – unter solchen Verhältnissen eine neue, stabile und vom Vertrauen des Volkes getragene Staatsgewalt geschaffen werden?[86]

In einem Punkte lässt sich schwerlich etwas gegen diese Argumentation einwenden: Wie schon für Schleicher im Januar 1933, so hätte es für die Reichswehr jetzt erst recht keine irgendwie definierbare Gruppe mehr gegeben, von der Unterstützung zu erwarten gewesen wäre. Inzwischen hatte das nationalsozialistische Regime sogar weitgehende Unterstützung im ganzen Volke gefunden. Ein Militärputsch wäre gegen die Stimmung und den Willen des Volkes erfolgt.

Manstein setzt mit seiner Argumentation allerdings erst an bei der gesetzlichen „Rechtenserklärung" und bei dem Danktelegramm Hindenburgs. Zu fragen ist aber auch, was geschehen wäre, wenn die Reichswehr sogleich am 30. Juni eingegriffen hätte, wie das ja aus ihren Reihen heraus, auch von Manstein, sofort verlangt worden war. Das wäre kein Putsch gewesen, und es hätte in dieser Situation keine Macht gegeben, die der sofortigen Entsendung einer Reichswehreinheit zur Wohnung Schleichers und einer Sicherung der Leichname und des Tatorts durch die Reichwehr etwas hätte entgegensetzen können. Dann hätte es auch nicht so leicht zu der nach dem Tode Schleichers und dessen Frau veröffentlichten verlogenen Presseinformation und dem Wortlaut des Blombergschen Tagesbefehls kommen können.

Außerdem ist zu fragen, ob es überhaupt zu der von Manstein erwähnten „letzten Konsequenz" hätte kommen müssen, wenn die Reichswehr geschlossen – also unter Führung des Reichswehrministers v. Blomberg und des Generalmajors v. Reichenau – auf einer Untersuchung und dann folgerichtig auch auf einer Rehabilitierung der Mordopfer bestanden hätte. Die SA war ja nun erledigt und die SS noch nicht so stark, dass sie der Reichswehr die Stirn hätte bieten können. Aber Blomberg und Reichenau wollten das nicht, weil sie von Anfang an in die Sache verwickelt waren.

Der Pressebericht über den angeblichen Schusswechsel war von General v. Reichenau selbst formuliert und von Göring und Blomberg gebilligt worden. Hitler, dem es darum gegangen war, die Reichswehr ganz für seine Pläne zu gewinnen, und der dafür seine eigene Kampftruppe und seinen einstigen Freund opferte, hätte den Zugriff auf die Reichswehrgenerale Schleicher und Bredow auch gar nicht riskieren können, wenn er nicht der Zustimmung der neuen Reichswehrführung sicher gewesen wäre.

Schon diese Tatsache wirft ein trübes Licht auf Reichenau und Blomberg. Je tiefer die Forschung in die Geschehnisse eindrang, desto mehr verdüsterte sich das Bild vor allem Walter v. Reichenaus. In dem Buch „Blick durch viele Fenster" lässt Friedrich-Karl v. Plehwe keinen Zweifel an der Urheberschaft Reichenaus mehr offen und schreibt:[87]

„Es dürfte schwer sein, einen Vorgang zu entdecken, bei dem ein deutscher General sich ehrloser verhalten hätte als Reichenau in diesem Fall. Und der Reichswehrminister v. Blomberg hat diesen Text gesehen und gebilligt!" Doch es geht tatsächlich noch ehrloser. Walter v. Reichenau gab dem Pariser „Petit Journal" ein Interview und sagte darin u.a.:[88]

Der Tod Schleichers, unseres früheren Chefs, hat uns Schmerz bereitet, aber wir sind der Ansicht, dass er seit längerer Zeit aufgehört hat, Soldat zu sein. „Schleicher", so erklärte General von Reichenau weiter, „sei ein geborener Verschwörer gewesen. Und der Gedanke, mit Hilfe der SA wieder an die Macht zu kommen, sei bei einem ehemaligen Reichswehrminister unverständlich. Seine Verbindung zu Röhm sei bekannt gewesen. Es sei auch sicher, dass er ernstlich auf Frankreich hoffte, das ihm seine Regierungsaufgabe erleichtern würde. Ich bezichtige keineswegs Ihr Land, ich sage lediglich, dass Schleicher auf Frankreich rechnete. Der Gedanke ist traurig, dass Offiziere so leicht die Eigenschaften ihres Berufs in der Politik verlieren können. Das war das Unglück im Fall Schleicher. Er hat vergessen, dass der Gehorsam erstes militärisches Gebot ist.

Ein deutscher General macht in einer französischen Zeitung einen anderen deutschen General mit Unwahrheiten schlecht! Wer hat da in der Politik die Pflichten seines Berufs vergessen?

Nimmt man hinzu, dass Reichenau und Heydrich bei der Planung und Vorbereitung der Aktionen des 30. Juni 1934 eng zusammengearbeitet haben,[89] so kommt man nicht um die Feststellung herum, dass wenigstens Reichenau die Ermordung Schleichers und Bredows mindestens geduldet, wenn nicht gar selbst mit vorbereitet hat. Blomberg hat sich überzeugen lassen, wie er sich 1933 hatte überzeugen lassen, die Reichwehr im nationalsozialistischen Sinne auszurichten. Kurt v. Schleicher und Ferdinand v. Bredow standen dabei im Wege. Nun waren sie weggeräumt.

In Blombergs Tagesbefehl vom 1. Juli 1934 heißt es:

Der Führer hat mit soldatischer Entschlossenheit und vorbildlichem Mut die Verräter und Meuterer selbst angegriffen und niedergeschmettert. Die Wehrmacht als der Waffenträger der Nation des gesamten Volkes, fern vom innenpolitischen Kampf, dankt ihm durch Hingebung und Treue […].

Hier sind ausschlaggebend die Formulierungen „Waffenträger der Nation“ und „dient ihm durch Hingebung und Treue.“ Für die neue Reichswehrführung war es entscheidend gewesen, dass entgegen den Bestrebungen der SA-Führung die Reichswehr der alleinige Waffenträger der Nation blieb. Das war ein als solches berechtigtes Anliegen – und das nicht nur für die Reichswehr selbst. Es wäre schlimm gewesen, wenn das Millionenheer der SA, die vielfach schon vor der Machtübernahme und mehr noch danach mit Straßen- und Geheimterror aufgetreten war, die nationale Streitmacht geworden wäre. Mit der Abwehr dieser Bestrebungen hatte die Reichswehrführung Erfolg gehabt und insoweit außerhalb der SA fast uneingeschränkte Zustimmung gefunden.

Doch nun kam hinzu, dass die neue Reichswehrführung auch für die Zukunft und für die Wiedergewinnung des Ansehens und der Stärke der Armee in dem „Führer“ die beste Garantie sah. Das war verhängnisvoll, aber nach der Niederlage im Ersten Weltkrieg und dem Diktatvertrag von Versailles noch verständlich. Sie fand damit auch viel Zustimmung innerhalb der Reichswehr, insbesondere bei den jüngeren Offizieren, ferner auch in der Bevölkerung. Unnötig und schlimm war jedoch die bedingungslose „Hingebung und Treue" gewesen, die totale Auslieferung an den „Führer".

Das Ringen um Rehabilitierung

Schändlich war das Verhalten der neuen Reichswehrführer gegenüber ihren Vorgängern und Kameraden, als es um eine Rehabilitierung Schleichers und Bredows gehen sollte. Innerhalb der Reichswehr gab es einige Empörung über die ohne Anklage und Prozess erfolgte Erschießung der beiden Generäle und die Behauptung, diese hätten sich des Landesverrats schuldig gemacht. Jedoch überwog damals das Gefühl des Sieges der Reichswehr über die radikalen Gruppen in SA und Partei und deren Versuch, aus der Wehrmacht ein Parteiheer zu machen. Nur in einem recht engen Kreis, namentlich im höheren Offizierskorps, bewirkten die Morde an Schleicher, dessen Frau und an Bredow eine lange nachwirkende Empörung.

Nach der Reichstagsrede Hitlers mit den wüsten Vorwürfen konspirativer landesverräterischer Handlungen kam im Reichswehrministerium und in der Generalität diese Empörung zum Durchbruch. Das war dann doch zuviel der Verleumdung. Als Wortführer drängten, wie Meissner berichtet, die Generäle v. Fritsch und Beck den Reichswehrminister General v. Blomberg dazu, sich gegen den Schimpf, der durch die Beschuldigung der beiden Generäle dem gesamten Offizierskorps angetan worden sei, zur Wehr zu setzen. Sie forderten eine militärgerichtliche und ehrengerichtliche Untersuchung der Vorwürfe und nach dem mit Bestimmtheit zu erwartenden Nachweis ihrer Unrichtigkeit eine Rehabilitierung der Ermordeten.

Blomberg lehnte das jedoch weiterhin ab, und auf einer Versammlung der höheren Offiziere des Reichswehrministeriums erklärte er, Schleicher und Bredow hätten erwiesenermaßen nicht nur mit Röhm und dessen Plänen, Hitler zu stürzen, in Verbindung gestanden, sondern für die Durchführung dieses Unternehmens auch Verbindung mit einer fremden

Macht aufgenommen.[90] Nach Meissner hatte ja auch Hindenburg die Vorlage von Beweisen gewünscht und hatte Hitler ihm das auch zugesagt, jedoch nicht getan, wohl wissend, dass Hindenburgs letzte Stunde nahe bevorstand.

Die Bemühungen um eine Rehabilitation Schleichers und Bredows gingen dennoch weiter. Insbesondere Hammerstein ließ nicht locker. Er wandte sich an den einzigen weiteren Generalfeldmarschall aus dem Ersten Weltkrieg, August v. Mackensen, der jetzt der erste Vorsitzende des sogenannten Schlieffen-Vereins, des Vereins der Angehörigen des ehemaligen Generalstabs, war. Am 28. Februar 1935 fand die ordentliche Mitgliederversammlung des Vereins statt. Dabei wurde der in dem vergangenen Jahr Verstorbenen gedacht, am Ende auch der Generäle v. Schleicher und v. Bredow. Mackensen verlas eine Erklärung, in der es hieß:

Was den Tod der Generale von Schleicher und von Bredow betrifft, so ist festgestellt worden, dass bei den rein politischen Machtkämpfen, um die es sich damals handelte, die persönliche Ehre der genannten Offiziere nicht berührt worden ist, dass sie aber Wege beschritten, die als regierungsfeindlich angesehen worden sind und daher zu den verhängnisvollen Folgen führten. Eine Diskussion über die Frage – erklärte Mackensen – kann ich nicht zulassen, da die Reichsregierung durch einen gesetzgebenden Akt erklärt hat, dass der Tod der am 30. Juni und 1. Juli Gebliebenen als im Interesse des Staates erfolgt zu betrachten sei. Durch weitere Durchforstung der Materie würden wir uns auf das politische Gebiet begeben, was nach unseren Satzungen der Vereinigung Graf Schlieffen verschlossen ist.

Mackensen fügte jedoch hinzu:

Hiermit sind unsere gefallenen Kameraden, die Generale von Schleicher und von Bredow, in allen Ehren gestorben und auf dem Felde der Ehre gefallen. Alle über diese Worte bedauerlicherweise in der Presse gebrachten sinnentstellenden Missdeutungen gehören in das Gebiet der Fabel.

Diese Erklärungen verbreiteten sich schnell im gesamten Offizierskorps. Blomberg ließ es damit aber nicht bewenden, sondern schrieb am 2. April 1935 an den Chef der Heeresleitung:

Ich bitte anzuordnen, dass folgende Mitteilung sämtlichen Offizieren der Wehrmacht sofort im Wortlaut bekanntgegeben wird: Die interne Behandlung der Frage, ob man die verstorbenen Mitglieder des Vereins ehem. Generalstabsoffiziere (Schlieffen-Verein), die Generale von Schleicher und von Bredow, von der

Mitgliederliste des Vereins streichen sollte, und ein nicht vorgesehener persönlicher Zusatz des Vorsitzenden des Schlieffen-Vereins, Generalfeldmarschalls von Mackensen, haben vielfach den Eindruck erweckt, als ob eine Rehabilitierung der beiden Generale beabsichtigt und durchgeführt sei. Dies ist ein Missverständnis. Lediglich für Vereinszwecke war dem Schlieffen-Verein die Bekanntgabe folgenden Wortlauts gestattet: [Es folgt der obige Wortlaut der Erklärung.] *Irgendeine Änderung des Standpunktes der Regierung und des bisherigen Standpunktes des Offizierskorps in dieser Frage hat nicht stattgefunden und ist auch nicht möglich.*
gez. von Blomberg

Nicht einmal eine interne Rehabilitierung ihrer einstigen Führer brachte also die neue Reichswehrführung noch zustande. Es blieb bei einer kryptischen Erklärung für den kleinen Kreis der ehemaligen Generalstabsoffiziere. Selbst die wurde sogleich von dem Reichwehrminister relativiert, und die darüberhinausgehenden Worte Mackensens wurden zurückgewiesen. Sie war die letzte Regung der alten Weimarer Reichswehr gewesen.

Am 16. März 1935 wurde der Name „Reichswehr“ offiziell abgeschafft und durch den Begriff „Wehrmacht“ ersetzt.

Nachtrag

Unmittelbar nach Bekanntwerden von Hindenburgs Tod wurden die Offiziere und Soldaten mit folgender Formel nun nicht mehr auf die Verfassung, sondern auf Adolf Hitler persönlich neu vereidigt:

Ich schwöre bei Gott diesen heiligen Eid, dass ich dem Führer des Deutschen Reiches und Volkes, Adolf Hitler, dem Oberbefehlshaber der Wehrmacht, unbedingten Gehorsam leisten und als tapferer Soldat bereit sein will, jederzeit für diesen Eid mein Leben einzusetzen.

Dieser Eid sollte vor allem bei vielen Offizieren zum Problem werden, ganz besonders bei den in den gottesfürchtigen Traditionen wurzelnden Offizieren aus dem Ersten Weltkrieg und der alten Reichswehr.

Zehn Jahre dauerte es, bis Generäle, die 1934 dabei gewesen waren, auch jüngere Reichswehroffiziere, die von dem „Führer“ und dem Nationalsozialismus zunächst fasziniert gewesen waren, den Aufstand unternahmen. Man sollte ihnen nicht vorwerfen, dass sie es erst getan haben, als für sie die Niederlage als sicher erkennbar war. Zum einen trifft das nicht für alle zu. Auch nach dem Sieg in Polen gab es schon Widerstandspläne. Aber man muss auch die Gewissenskonflikte derer respektieren, die es bis zum Einsetzen des Untergangsinfernos nicht für verantwortbar hielten, der kämpfenden Truppe in den Rücken zu fallen und das Vaterland den äußeren Gegnern auszuliefern, die ihm gegenüber ja nicht gutwillig waren, sondern auf bedingungsloser Kapitulation bestanden.

Für die Situationen am 30. Januar 1933, am 30. Juni 1934 und am 20. Juli 1944 gibt es zwei entscheidende Gemeinsamkeiten: Allein die Wehrmacht hätte noch die Möglichkeit gehabt, den Weg in den Abgrund aufzuhalten, und in allen drei Fällen hätte sie damit so gut wie allein gestanden. Was von den – ideologisch bedingt – grundsätzlichen Militärkritikern immer gern übersehen wird: In allen drei Fällen hätte die Wehrmacht mit einem Putsch gegen die Stimmung und den Willen der Mehrheit im Volke handeln müssen. So war es selbst noch am 20. Juli 1944.

Für alle, die – der eine früher, der andere später – den Weg in den Widerstand gefunden haben, gilt das Wort Henning v. Tresckows: Es kam zuletzt „nicht mehr auf den praktischen Zweck an, sondern darauf, dass die deutsche Widerstandbewegung vor der Welt und vor der Geschichte unter Einsatz des Lebens den entscheidenden Wurf gewagt hat."

Schon vor dem Aufstand von 1944 waren verstorben:

General Walther Reinhardt 1930,

Generaloberst Hans v. Seeckt 1936.

General Wilhelm Groener war vor dem 30. Juni 1934 gewarnt worden und hatte sich mit unbekanntem Ziel aus Berlin entfernt.[91] Er war danach wieder zurückgekehrt und starb am 3. Mai 1939. Militärische Ehren bei der Trauerfeier wurden ihm verweigert, und den Wehrmachtoffizieren wurde es verboten worden, an dem Begräbnis teilzunehmen. Aber v. Hammerstein-Equord widersetzte sich dem Verbot und erwies in Uniform dem Verstorbenen die letzte Ehre.

Generaloberst Werner Freiherr v. Fritsch war, nachdem er 1938 zu Unrecht der Homosexualität beschuldigt worden war, als Oberbefehlshaber des Heeres zurückgetreten.[92] Am 22. September 1939 fiel er im Polenfeldzug vor Warschau. Wenn er nicht, wie allgemein angenommen wurde, den Tod gesucht hatte, so war dieser ihm jedenfalls nicht unwillkommen gewesen. Als er verwundet worden war und einer seiner Begleiter die Wunde versorgen wollte, hatte er abgewehrt: „Lassen Sie mal."

Walter v. Reichenau wurde im Kriege zum Generalfeldmarschall befördert. Den Ausrottungsbefehlen Hitlers schloss er sich an. Im Januar 1942 starb er infolge einer Erkrankung.

Generaloberst Kurt Freiherr v. Hammerstein–Equord war in Verbindung mit militärischen und zivilen Widerstandskreisen getreten und war bis zu seinem krankheitsbedingten Tode 1943 an derartigen Planungen beteiligt gewesen.

Im Zusammenhang mit dem Aufstand von 1944 sind, wie viele andere, umgekommen:

General Ludwig Beck. Er hatte 1938 mit seinem Rücktritt als Generalstabschef des Heeres die erste Planung eines Staatsstreichs gegen Hitlers Absicht ausgelöst, im Zusammenhang mit der Sudetenkrise Krieg zu beginnen. Eine bedeutende Rolle hatte er dann bei den Umsturzplänen im Zusammenhang mit dem Attentat vom 20. Juli 1944 gespielt. In der Nacht danach hatte er sich in der Bendlerstraße das Leben genommen.

Oberst im Generalstab Bodo v. Harbou, der zeitweilig ein Mitarbeiter Schleichers gewesen war, unterhielt während des Zweiten Weltkrieges mit militärischen Widerstandskreisen Kontakt und nahm sich nach dem missglückten Attentat Stauffenbergs am 29. Juli 1944 das Leben.

Generalfeldmarschall Erwin v. Witzleben war schon 1938 und dann vor allem 1944 an den Aktionen beteiligt gewesen, nachdem er sich bereits seit 1935 gegen die Wehrmachtpolitik Blombergs und Reichenaus gewandt hatte. Im November 1939, nach dem Polenfeldzug, war er eingeweiht gewesen in Überlegungen, Hitler zu beseitigen.[93] Am 21. Juli 1944 wurde er verhaftet, am 8. August vom Volksgerichtshof zum Tode verurteilt und am selben Tage hingerichtet.

General Carl Heinrich v. Stülpnagel, ebenfalls schon nach dem Polenfeldzug eingeweiht in Pläne, Hitler zu beseitigen, hatte als Oberbefehlshaber West am 20. Juli 1944 in Paris Angehörige und Funktionäre der SS und Gestapo verhaften lassen. Nach dem Scheitern des Putsches hatte er versucht, sich zu erschießen, wobei er erblindet war. Er wurde dann verhaftet, wurde am 30. August vom Volksgerichtshof zum Tode verurteilt und an demselben Tage hingerichtet.

Hauptmann Erwin Planck, der aus dem Reichswehrministerium in das Kanzleramt gewechselt und dort bis Januar 1933 Staatssekretär gewesen war, war später im Widerstand tätig, wurde am 23. Juli 1944 verhaftet, zum Tode verurteilt, mehrfach gefoltert und ungeachtet des Gnadengesuchs seines Vaters Max Planck am 23. Januar 1945 hingerichtet.

Den Nationalsozialismus haben überlebt:

Generalleutnant Erich v. dem Bussche-Ippenburg. Er war 1933 aus dem Dienst verabschiedet worden.

Werner v. Blomberg. Er war noch vor dem Krieg zum Generalfeldmarschall befördert worden. Im Januar 1938 war er nach der Eheschließung mit einer Prostituierten in den Ruhestand versetzt worden – offiziell aus Gesundheitsgründen – und war danach militärisch oder politisch nicht mehr in Erscheinung getreten.

Oberstleutnant Eugen Ott war nach der Machtübernahme durch Hitler als Militärattaché und danach als deutscher Botschafter in Tokio aus der Gefahrenzone gekommen.

Vincenz Müller war im Zweiten Weltkrieg Generalleutnant geworden und hatte 1944 in Russland mit seiner eingeschlossenen Armee kapituliert. In der Gefangenschaft hatte er sich dem „Nationalkomitee Freies Deutschland“ angeschlossen, wurde nach dem Kriege in der DDR Verteidigungsminister und nahm sich 1961 das Leben.

Verzeichnis der zitierten Literatur

Bayerlein, Bernhard H.: Deutscher Oktober 1923, Berlin 2003

Binder, Gerhart: Geschichte im Zeitalter der Weltkriege, Stuttgart 1977

Diels, Rudolf: Lucifer ante portas, Stuttgart 1950

Dornheim, Andreas: Röhms Mann fürs Ausland, Berlin 1998

Brüning, Heinrich: Memoiren, Berlin 1970

Eschenburg, Theodor: Dokumentation zur Ermordung des Generals von Schleicher, Heft 1/1953 S. 71 ff. der Vierteljahreshefte für Zeitgeschichte, Berlin 1953

Fest, Joachim C.: Hitler – Eine Biographie, Berlin 1998

François-Poncet, André: Als Botschafter in Berlin 1931-1938, Mainz 1947

Hammerstein, Kunrat von: Spähtrupp, Stuttgart 1963

Höhne, Heinz: Die Machtergreifung, Berlin 1983

Höhne, Heinz: Der Orden unter dem Totenkopf, Gütersloh 2002

Machtan, Lothar: Die Nazis und der Kronprinz, Berlin 2021

Manstein, Erich von: Aus einem Soldatenleben, Königstein 1958

Meissner, Otto: Ebert – Hindenburg – Hitler, Erinnerungen eines Staatssekretärs, Esslingen 1991

Mosley, Leonard: Göring, München 1975

Mühlhausen, Walter; in Militärische Reformer in Deutschland im 19. und 20. Jahrhundert, Berlin 2010

Müller, Vincenz: Ich fand das wahre Vaterland, Berlin 1963

Nahme, Hans-Dieter: Gustav Noske – Kurt von Schleicher, Die erste und die letzte Chance für die Weimarer Republik, Rostock 2021

Nowak, Johann Rudolf: Kurt von Schleicher – Soldat zwischen den Fronten, Würzburg 1969

Orth, Rainer: Der SD-Mann Johannes Schmidt – Der Mörder des Reichskanzlers Kurt von Schleicher?, Baden-Baden 2012

Plehwe, Friedrich-Karl von: Reichskanzler Kurt von Schleicher, Berlin 1990

Pufendorf, Astrid von: Die Plancks – Eine Familie zwischen Patriotismus und Widerstand, Berlin 2006

Pyta, Wolfram: Hindenburg – Herrschaft zwischen Hohenzollern und Hitler, München 2007

Ritter, Gerhard: Carl Goerdeler und die deutsche Widerstandsbewegung, Berlin 1984

Röhricht, Edgar: Pflicht und Gewissen, Stuttgart 1965

Krosigk, Lutz Graf Schwerin von: Es geschah in Deutschland, Tübingen 1952

Krosigk, Lutz Graf Schwerin von: Memoiren, Suttgart 1977

Strasser, Otto: Die deutsche Bartholomäusnacht, Hanau 2014

Strenge, Irene: Kurt von Schleicher – Politik im Reichswehrministerium am Ende der Weimarer Republik, Berlin 2006

Tobias, Fritz und Janßen, Karl-Heinz: Der Sturz der Generäle – Hitler und die Blomberg-Fritsch-Krise, München 1994

Tschirschky, Fritz Günther von: Erinnerungen eines Hochverräters, Berlin 1972

Vogelsang, Thilo: in Vierteljahreshefte für Zeitgeschichte, Berlin 1959

DER SPIEGEL ab Nr. 43/1959 und 3/1966

Anmerkungen

[1] Erstmalig in DER SPIEGEL ab Nr.43/1959.

[2] Hans-Dieter Nahme, Gustav Noske – Kurt von Schleicher, Die erste und die letzte Chance für die Weimarer Republik Militärgeschichtliches Forschungsamt Signatur G 56/034.

[3] Vgl. Friedrich-Karl v. Plehwe, Reichskanzler Kurt von Schleicher, S. 158.

[4] Dokumentation von Theodor Eschenburg, Zur Ermordung des Generals von Schleicher", Heft 1/1953 S. 71 ff. der Vierteljahreshefte für Zeitgeschichte.

[5] Astrid v. Pufendorf, Die Plancks – Eine Familie zwischen Patriotismus und Widerstand, hier im Kapitel „Rückkehr in ein anderes Deutschland – Schleichers Ende".

[6] Schreiben vom 30. November 1960 an Fritz Tobias, Archiv Tobias.

[7] S. 59 und 159.

[8] Archiv Tobias, auch das Folgende.

[9] SD-RFSS = Sicherheitsdienst-Reichsführer SS.
Gestapa = Geheime-Staatspolizeiamt.

[10] a. a. O. S. 295.

[11] Das Verfahren war durch ein Schreiben von Fritz Tobias vom 13. 10. 1968 an einen Herrn Wetzel ausgelöst worden.

[12] Vernehmung von Dr. jur. Johannes Schmidt, Mühlheim/Main 2.10.1969.
Landesarchiv Berlin B Rep. 058
Staatsanwaltschaft bei dem Kammergericht Nr. 6370

[13] Rainer Orth, Der SS-Mann Johannes Schmidt – Der Mörder des Reichskanzlers Kurt von Schleicher?

[14] Orth, S. 62.

[15] Orth, S. 67.

[16] Archiv Tobias.

[17] Archiv Tobias.

[18] So der ehemalige SS-20, zu alledem ausführlicher hier unter III., 1. „Hitlers Erklärungen". Oberscharführer Karl Appel und der ehemalige Kriminalassistent

Kurt Kalle in einem Gespräch mit Fritz Tobias am 16. März 1968 in Krefeld, Archiv Tobias, Ordner 35A6A.

[19] Heinz Höhne, Der Orden unter dem Totenkopf, S. 86 f.

[20] Zu alledem ausführlicher hier unter III., 1. „Hitlers Erklärungen".

[21] v. Pufendorf. a.a.O.

[22] v. Plehwe, Reichskanzler Kurt von Schleicher, S. 331 f.

[23] Otto Meissner: Ebert – Hindenburg – Hitler, Erinnerungen eines Staatssekretärs, S. 370.

[24] Zu allem Folgenden vgl. Andreas Dornheim, Röhms Mann fürs Ausland, S. 60-73.

[25] Heinz Höhne, Mordsache Röhm. S. 80.

[26] Vgl. Dornheim, insbesondere S. 9, 75 f., 81 f.

[27] Gerhart Binder, Geschichte im Zeitalter der Weltkriege Bd. I, S. 480.

[28] Dornheim, S. 80.

[29] Eine Kopie des handgeschriebenen „Tagebuchs" von Victor Lutze befindet sich in Tobias' Archiv.

[30] Hierauf und auf das in den folgenden Absätzen Behandelte bezieht sich ausführlicher mein Buch „Gustav Noske – Kurt von Schleicher, die erste und die letzte Chance für die Weimarer Republik".

[31] Eine ausführlichere Darstellung des Kapp-Lüttwitz-Putsches, seines Zusammenbruchs und der Bedeutung des Generalstreiks findet sich ebenfalls in meinem Buch „Gustav Noske – Kurt von Schleicher, die erste und die letzte Chance der Weimarer Republik".

[32] So der Titel der von Bayerlein, Babicenko, Firsov und Vatlin herausgegebenen Dokumentation aus sowjetrussischen Archiven, erschienen 2003 in Berlin.

[33] zitiert von Mühlhausen in „Militärische Reformer in Deutschland im 19. und 20. Jahrhundert", einer Schrift des Militärgeschichtlichen Forschungsamts.

[34] Persönliche Anmerkung: Diese Rede habe ich als Achtjähriger im Radio angehört.

[35] Zitiert in der Frankfurter Zeitung vom 16.12.1932.

[36] Vgl.: Irene Strenge: S. 11 u. S. 235.

[37] K. v. Hammerstein, S. 45.

[38] Erich v. Manstein, Aus einem Soldatenleben, S. 172.

[39] Thilo Vogelsang in Vierteljahreshefte für Zeitgeschichte, Oktober 1959.

[40] K. v. Hammerstein, S. 64.

[41] Fritz Günther v. Tschirschky, Erinnerungen eines Hochverräters, S. 114.

[42] François-Poncet, Als Botschafter in Berlin, Dritte Auflage 1962, S. 131/32.

[43] Der neue Brockhaus, 2. Auflage, Vierter Band, 1942.

[44] v. Tschirschky, S. 95 ff.

[45] Joachim C. Fest, „Hitler. Eine Biographie, S. 634 f.; Binder, S. 481.

[46] Fest, S. 627 unter Anführung von Quellen.

[47] v. Manstein, S. 186 f.

[48] Siehe Fußnote 27.

[49] Vincenz Müller, Ich fand das wahre Vaterland, S. 356.

[50] Vernehmungsniederschrift zu Max Jüttners Vorladung, München, den 8. April 1949, Staatsarchiv München, Bestand Staatsanwaltschaft 28791/1

[51] Vgl. Heinz Höhne, Der Orden unter dem Totenkopf, S. 118.

[52] Rudolf Diels, Lucifer ante portas, S. 285 f.

[53] Lutz Graf Schwerin von Krosigk, Es geschah in Deutschland, S. 121.

[54] DER SPIEGEL 3/1966, S. 42.

[55] Zitiert bei v. Plehwe, S. 338.

[56] Edgar Röhricht, Pflicht und Gewissen, S. 65; Leonard Mosley, Göring, S. 197.

[57] IMT IX, S. 303

[58] Meissner, S. 369

[59] v. Manstein, S. 194; Otto Strasser, Die deutsche Bartholomäusnacht, S. 118.

[60] Lutz Graf Schwerin von Krosigk, Memoiren, S. 155.

[61] Kunrat v. Hammerstein, Spähtrupp; Heinz Höhne, Der Orden unter dem Totenkopf, S. 115.

[62] Heinz Höhne, Die Machtergreifung, S. 214.

[63] Vgl. Fest, Seite 493.

[64] Brüning, Memoiren S. 638-645

[65] Höhne, Der Orden S. 116

[66] Gerhard Ritter, Carl Goerdeler und die deutsche Widerstandsbewegung, S. 128

[67] Beide Briefe sind abgedruckt bei Nowak, Johann Rudolf: Kurt von Schleicher – Soldat zwischen den Fronten, S. 1372 und 1374.

[68] Nachlass Erwin Planck 334, Mappe 68, Staatsbibliothek zu Berlin, Handschriftenabteilung.

[69] v. Pufendorf S. 369.

[70] Nachlass von Schleicher, Bundesarchiv – Militärarchiv – Freiburg, 42, 88.

[71] Vernehmungsniederschrift zu Max Jüttners Vorladung, München, den 8. April 1949, Staatsarchiv München, Bestand Staatsanwaltschaft 28791/1.

[72] v. Plehwe, Reichskanzler, S. 327.

[73] François-Poncet, Als Botschafter in Berlin, Dritte Auflage 1962, S. 210.

[74] Archiv Tobias.

[75] Hierzu und zu dem Folgenden vgl. Pyta, Hindenburg – Herrschaft zwischen Hohenzollern und Hitler, S. 832-853.

[76] v. Tschirschky, S. 186.

[77] Otto Meissner, Staatssekretär unter Ebert, Hindenburg, Hitler, S. 368.

[78] Pyta, S. 836.

[79] v. Tschirschky, S. 145, zu Nachfolgendem S. 133.

[80] v. Tschirschky, S. 224 f.

[81] v. Tschirschky, S. 151.

[82] Ich selbst, der Autor, habe aufgrund des vielfach Gehörten damals als gerade noch Neunjähriger in Büchern von und über Hindenburg die Passage über die Wiedereinführung der Monarchie gesucht, aber natürlich nicht gefunden, weil nichts darüber veröffentlicht worden war, auch nicht das Zitat in seinem Testament „Dem Deutschen Volke".

[83] Brief an Schlange-Schöningen vom 21.6.1957, Institut für Zeitgeschichte, München ZS 217.

[84] So der Untertitel von F.-K. v. Plehwes Schleicher-Biographie: „Weimars letzte Chance gegen Hitler" und meine in einer der vorstehenden Fußnoten bereits erwähnte Arbeit.

[85] K. v. Hammerstein, S. 77.

[86] v. Manstein, S. 194 f.

[87] Friedrich-Karl v. Plehwe, Blick durch viele Fenster, S. 162; Röhricht, S. 67.

[88] Auf deutsch wiedergegeben in Berliner Illustrierte Nachtausgabe vom 7. August 1934 (Archiv Tobias).

[89] Vgl. Heinz Höhne, Der Orden unter dem Totenkopf, S. 91 ff. und S. 96.

[90] Meissner, S. 372.

[91] Groener-Geyer, S. 335, 344f.

[92] Vgl. Fritz Tobias und Karl-Heinz Janßen, Der Sturz der Generäle. Hitler und die Blomberg-Fritsch-Krise 1938.

[93] Vincenz Müller, S. 369, dort auch zu von Stülpnagel.

Personenverzeichnis

Abbildungsnachweis:

Umschlagabbildung (Fotografie) v.r.n.l. in der vorderen Reihe: Reichspräsident Paul von Hindenburg, Reichswehrminister Kurt von Schleicher und General Werner von Blomberg 1932 in Berlin; picture alliance / ullstein bild

Alle weiteren Fotografien entstammen aus dem Bundesarchiv Koblenz.

Autor

Hans-Dieter Nahme wurde 1924 im nordhessischen Großalmerode geboren, wo sein Vater der Leiter einer Grafitfabrik war. Den größten Teil seiner Kindheit verbrachte Hans-Dieter Nahme im Dorf Wendershausen, in dem die Eltern seiner Mutter eine Domäne besaßen. Dort ist er auch auf die Schule gekommen.

1932 übernahm sein Vater die Leitung einer Ziegelfabrik in Hannover. Die Familie zog nach, und er kam auf die Bürgerschule. Anschließend besuchte er das Realgymnasium, die heutige Tellkampfschule. Nach Abschluss der Unterprima (11. Schuljahr am Gymnasium) wurde er zum Reichsarbeitsdienst, anschließend zur Wehrmacht eingezogen und erhielt den sogenannten Reifevermerk, der dem Abitur gleichstehen sollte.

Er kam zur Marine und wurde als Leutnant an die Atlantik- und Nordseeküste versetzt. Sein Reifevermerk wurde nach dem Krieg nicht zum Studium anerkannt. So holte er im Winterhalbjahr 1945/46 das Abitur nach. Ab dem Sommersemester 1946 studierte er in Göttingen Jura und legte in Celle das Referendarexamen und nach dem dreijährigen Vorbereitungsdienst in Hannover das Assessorexamen ab.

1955 wurde Hans-Dieter Nahme in Hannover Rechtsanwalt, später auch Notar, dabei von 1992 bis 1997 Präsident der niedersächsischen Notarkammer in Celle. Im Beruf blieb er bis 2002 und war einer der Gründer der Anwaltskanzlei Nahme und Reinicke, die nach wie vor unter diesem Namen fortbesteht.

In seinem Ruhestand wollte er einmal genauer sehen, wie das war, als es mit der Weimarer Republik zu Ende ging, was er als Sechs- bis Achtjähriger bewusst und interessiert miterlebt hatte. Die Antrittsrede des Generals von Schleicher als Reichskanzler hatte er im Dezember 1932 im Radio gehört und vieles davon im Gedächtnis behalten. Daraus wurde eine Forschungsarbeit, die inzwischen von einigen Professoren an deutschen und englischen Universitäten anerkannt worden ist.

Anhang

Protokoll der Aussage der Haushälterin Marie Güntel des Generals von Schleicher vor der Polizei am 30. Juni 1934 (Satzbau, Schreibweise und Interpunktion wie dem Original entsprechend in der Dokumentation von Theodor Eschenburg „Zur Ermordung des Generals von Schleicher" in Heft 1/1953 S. 71 ff. der Vierteljahreshefte für Zeitgeschichte):

Seit Mai 1929 bin ich als Köchin bei General von Schleicher tätig. Heute in der Mittagsstunde, es kann gegen 12 ½ Uhr gewesen sein. Ich sah durch das Fenster nach der Straße und erblickte dort zwei Herren. Ich fragte nach ihrem Begehren. Es wurde mir geantwortet, „Sie müssen zu Herrn von Schleicher". Daraufhin setzte ich den Türöffner der Gartenpforte in Tätigkeit, und die beiden Herren kamen zur Eingangstür der Villa, wo sie wieder klingelten und Einlaß begehrten. Ich öffnete die Haustür, worauf einer der beiden Herren fragte, ob General v. Schleicher zu Hause wäre? Ich erwiderte Ihnen, daß General v. Schleicher spazieren gegangen wäre. Nach einigem hin und her verlangte der eine der Herren in ganz energischem Tone zu Herrn General v. Schleicher vorgelassen zu werden. Der Herr zeigte mir eine viereckige Marke, die ich aber nicht beachtete, drängte vorgelassen zu werden. Als der Herr immermehr drängte und sagte, sagen sie jetzt die Wahrheit sie sind in Gefahr oder so ähnlich. Erwiederte ich: Dann werde ich einmal nachsehen!" Ich begab mich nun in das Arbeitszimmer des Herrn General, während der fremde Herr auf dem Fuße folgte. Im Arbeitszimmer angelangt stand der Herr dicht hinter mir und fragte den am Schreibtisch sitzenden Herrn von Schleicher, ob er der General von Schleicher sei. Herr General v. Schl. saß am Schreibtisch im Sessel und arbeitete. Auf die an ihn gerichtete Frage und wandte seinen Körper etwas um, um den Herren zu sehen und sagte jawohl. In diesem Augenblick krachten auch schon die Schüsse. Was weiter geschehen ist, weiß ich nicht, den aus Angst schrie ich und lief aus dem Zimmer. In meiner Bestürzung war ich durch die Zimmer gelaufen um nach dem Garten zu gelangen. Im Wintergarten begegnete ich den Täter wieder Ich kann aber nicht sagen, wo er geblieben ist. In dem Arbeitszimmer des Generals von Schleicher hat Frau von Schleicher am Radio gesessen. Als ich nachdem das Zimmer wieder aufsuchte fand ich Frau von Schleicher so mit dem General erschossen auf dem Fußboden wieder. Näher beschreiben kann ich den Täter nicht, weil ich zu aufgeregt war. Ich glaube kaum, daß ich ihn bei einer Gegenüberstellung wieder erkennen würde.